Elogios para *Diez cosas poderosas para decirle a tus hijos*

"Las palabras son poderosas, por lo que elegirlas sabiamente es fundamental, sobre todo al hablar con nuestros hijos. Este libro brinda consejos acerca de qué decir y qué no decir. Paul Axtell nos recuerda el arte de escuchar y el poder de las palabras para cambiar nuestras vidas. Nos anima a leer juntos y crecer juntos, sin miedo a los errores que se cometen en el camino. Si anhelas un hogar feliz y conversaciones significativas, con respuestas más elaboradas que <bien>, <ok> y <lo que sea>, este libro es el indicado."

— Jim Barnes, Editor, IndependentPublisher.com

"Los padres se esfuerzan sin cesar para mantener relaciones efectivas y positivas con sus hijos. Las ideas de este libro son fáciles de entender para que permanezcan con los lectores mucho más tiempo del que se tardan en leerlo, los consejos contienen herramientas potentes para mejorar las relaciones con niños de todas las edades."

—Elizabeth Breau, *ForeWord Reviews*

"El consejo de Paul Axtell es obvio porque hace sentido en cuanto se lee. Sin embargo, seamos sinceros, lo obvio es fácil de olvidar con la prisa loca de cada día… Cada capítulo es una joya…"

Naomi Karten, oradora y autora de *Communication Gaps and How to Close Them*

"Este libro debería ser obligatorio para todos los maestros."

—Kathy Rades, maestra retirada, Lakewood, WA

"Ésta fue la mejor inversión de dos horas, y el mejor libro para padres que he leído."

—Stacy Cahalan, Overland Park, KS

"Leer este libro me ha ayudado a estar más en sintonía con las conversaciones y las relaciones en general entre padres e hijos. De hecho, me ayuda con mis hijos, a pesar de que están en la universidad."

—Don Gallagher, Olathe, KS

"Un libro honesto y enfocado, garantizado para mejorar tu conocimiento sobre cómo comunicarte con tus hijos. El autor proporciona formas óptimas para profundizar tus conexiones. ¡Lee este libro hoy!"

—Mary Halbleib, Corvallis, OR

"Este libro eleva la conciencia, crea la oportunidad de ser más decidido y objetivo en las relaciones con nuestros hijos.
¡Una lectura maravillosa!"

—Robert Boyle, Milan, IL

"El libro de Paul Axtell dice exactamente lo que los padres deben saber para criar hijos seguros y competentes, como niños, adolescentes y adultos. ¡Una lectura clara, concisa e inspiradora!"

—Bev Larson, PhD, Fundador de
Old Mill Center for Children and Families, Corvallis, OR

"Todos queremos que nuestros hijos se conviertan en personas exitosas y empáticas cuando crezcan. La manera en la que hablamos con ellos ahora tiene gran influencia en esto, y las ideas en este libro nos ayudan a cambiar la conversación."

—Liz James, Davenport, IA

"Con los horarios tan demandantes de hoy, el tiempo que pasamos con nuestros hijos es muy limitado. *Diez cosas poderosas para decirle a tus hijos* destaca las formas de hacer estos momentos preciosos, aún más significativos."

—Aaron Wetzel, Vicepresidente de ventas y mercadotecnia de Latinoamérica, Deere & Co.

"Hay tanto en estas páginas que me hubiera gustado saber cuando mis hijas eran pequeñas. Le voy a dar copias a mis sobrinas, que ahora están criando niños pequeños, y a mis hijas, a pesar de que no tienen hijos todavía."

—Alice Sperling, Albany, OR

"Cualquier persona con influencia en los niños debe leer este libro. Los padres, los abuelos, los profesores se beneficiarán y, lo más importante, también los niños a los que influyen."

—Phil Eckman, Presidente y CEO, Transamerica Retirement Management

"Este libro arroja una nueva luz poderosa, clara y directa, sobre la conexión con tus hijos."

—Melissa Thomas, asesor profesional, Eugene, OR

"Me encanta porque es una lectura fácil, muy útil cuando eres una mamá ocupada con tiempo limitado. Además, no quieres sentirte intimidado al leer un libro para padres, porque ¡ser padre es suficientemente intimidante!"

—Jennifer Schmidt, Appleton, WI

Diez cosas poderosas para decirle a tus hijos

Crea una relación de amor, respeto y entendimiento con las personas más importantes en tu vida

Paul Axtell

AGUILAR

Título original: *Ten Powerful Things to Say to Your Kids*
Publicado en inglés por: Jackson Creek Press 2150 Northwest Jackson Creek Drive Corvallis, Oregon 97330, info@jacksoncreekpress.com

D.R.© 2011, Paul Axtell

De esta edición:
D. R. © Santillana Ediciones Generales, S.A. de C.V., 2014.
Av. Río Mixcoac 274, Col. Acacias.
México, 03240, D.F. Teléfono: (55) 54 20 75 30
www.librosaguilar.com/mx
t: @AguilarMexico
f: /aguilar.mexico

Primera edición: agosto de 2014.
ISBN: 978-607-11-3278-9

Traducción: Vicente Herrasti.
Ilustraciones: Jane Elizabeth Barr.
Diseño: Cherly McLean.
Fotografía del autor: Cindy Officer.

Impreso en México

PRISA EDICIONES

Para

Haley

Collin

Adam

Camille

Trey

Isabel

Gabrielle

Reece

Ben

Sam

Zoe

Caroline

y

Abigail

No creemos en nosotros mismos hasta que alguien nos revela que, en nuestro interior, existe algo preciado que vale la pena escuchar, que merece nuestra confianza y es sagrado al tacto. Una vez que creemos en nosotros mismos, podemos arriesgarnos a ser curiosos, a maravillarnos, a disfrutar espontáneamente o a experimentar cualquier cosa que revele al espíritu humano.

—e. e. cummings, poeta

Índice

Reconocimientos

En principio, agradezco a Jesse y a Amy por ser niños y amigos maravillosos, y estar dispuestos a que los utilice como ejemplo durante mis clases. Siempre recuerdo cuando Amy me dijo: "¡Apuesto a que esto terminará siendo parte de tu clase!" También agradezco a su madre, Rebekah, por la importancia que tiene en sus vidas.

Este libro no existiría sin la colaboración de Gil Evans, porque además de enseñarme lo que nunca creí aprender sobre escritura, me presentó con Cheryl, mi editora, quien hizo esto posible.

Desde el punto de vista de las ideas, debo mucho a Tim Gallwey, Michael Nichols, Dale Carnegie y muchos otros autores y maestros que han contribuido a la formación de mi pensamiento sobre lo que significa ser efectivo. Encontrarás su ideología entretejida a lo largo de este libro.

Un agradecimiento especial a todos los padres que asistieron a mis clases y estuvieron dispuestos a compartir sus preocupaciones e historias sobre la manera de criar a los hijos.

Y, al igual que Winnie Pooh, Piglet y todos los demás, necesito a una persona que camine a mi lado. Cindy: eres maravillosa.

Los borradores del manuscrito mejoraron significativamente gracias al consejo de Elle Allison, Ranee Axtell, Cheri Boline, Bob Boyle, Sheila Burns, Stacy Calahan, Nate Clark, Bill Cook, Reeny

Davison, Moira Dempsey, Jessica DuPont, Phil Eckman, Gwil Evans, Lori Fanello, Amy Fettig, Don Gallagher, Paul Garcia, Lori Glander, Mary Halbleib, Bill y Sue Hall, Peg Herring, Bob y Donna Hugues, Liz James, Bev Larson, Missy MacInnis, Megan McClelland, Beverly McFarland, Anne Mitchell, Dana y Scott Nygaar, Pat Newport, Mark Oehler, Cathy Pinter, Kathy Rades, Sabah Randhawa, Lynda Rands, Jim Regan, Beverly Rutledge, Jennifer Schmidt, Sally Goetz Shuler, Keith y Kathleen Smith, Alice Sperling, Carla Stafford, Haley Stafford, Melissa Thomas y Marilyn Trefz. Estoy en deuda con cada uno de ellos.

Un agradecimiento especial para Ellis, Chelsea, Zoe, Ben, Jared, Caroline, Jessica, Cassidy, Aidan, Anni, David, Trey y Adam, y para esos padres, amigos y colegas que compartieron sus historias con nosotros. Nos ayudaron a que todo correspondiera a la realidad.

Prefacio

Comencé a pensar este libro hace mucho tiempo, cuando me encontré con una lista de las cosas más comunes que los padres dicen a sus hijos. Como ya te podrás imaginar, la lista era bastante negativa, comenzando con la afirmación número uno: "No."

Otras dos frases de la lista también llamaron mi atención: "¿Por qué no puedes ser como tu hermano?" y "¿Cuántas veces tengo que decírtelo?"

Mis propios hijos, Jesse y Amy, tenían entonces nueve y ocho años, respectivamente, cuando la lista me hizo más consciente de lo que les decía directamente y de lo que decía en su presencia.

Recientemente, leí el libro titulado *Talent Is Overrated*, de Geoff Colvin. Uno de los puntos que el autor destaca es que debes decir a tus hijos que aprenden rápido. "Wow", pensé. "Es tan obvio y tan profundo a la vez."

Esa idea hizo que me volviera a plantear el proyecto de escribir este libro. Jesse y Amy tienen ahora treinta y tantos años y yo disfruto de trece nietos maravillosos, en combinación con la familia de mi esposa Cindy y sus tres hijos, así que aún queda espacio para la prudencia en lo que decimos frente a ellos.

Durante los últimos veinticinco años he trabajado como consultor y entrenador en el área de la efectividad individual y grupal. En ese sentido, un punto muy importante consiste en abordar cualquier conversación como si en verdad importara. Para mí, existe un paralelo entre ser efectivo en el trabajo y serlo como padre. Y ese paralelo es la conversación.

Cuando trabajo con empresas en el tema del valor de la conversación, suelo usar a las familias como analogía para comunicar ideas sobre las relaciones que la gente tiene en el trabajo. Muchos padres del grupo comienzan a pensar en las conversaciones que sostienen —o que no sostienen— con sus hijos. Esto es verdad, sin importar si trabajo con ingenieros en Iowa o con gerentes brasileños, con secretarias de Ohio o con rectores universitarios de Oregon. Las preocupaciones e ideas que estos padres compartieron cuando hablamos de las conversaciones afectivas —en el hogar y en el trabajo—, aumentaron el incentivo para la escritura de este libro y contribuyeron a la concepción de las ideas que le dan forma.

Así que ahora usaré estas analogías al revés: aprovechando las lecciones aprendidas cuando ayudé a adultos a comunicarse efectivamente en el trabajo, y así te mostraré cómo estas ideas pueden impulsarte a construir relaciones más significativas en casa. Espero que veas esto como una gran oportunidad para transformar tus conversaciones —y las relaciones— con tus hijos.

La lista original

Lo que los niños nos oyen decir

Hace veintitantos años, un participante en mi clase me trajo una lista con las 30 afirmaciones que más escuchan los niños en boca de los adultos. He tratado sin éxito de encontrar a su autor original, pero el caso es que dicha lista llamó mi atención y me inspiró este libro.

Algunas de estas afirmaciones cambiarían si el o los autores tuvieran que rehacer la lista hoy. Por ejemplo, los iPods y los audífonos probablemente han eliminado las quejas por el volumen de la radio, pero la lista de nuestros días seguramente incluiría algo sobre no enviar mensajes de texto a los amigos durante la cena o no jugar demasiado al Nintendo Wii.

Aun así, el mensaje general me parece relevante: *No hay mucho de positivo en esas afirmaciones.* Fíjate:

1. ¡No! (La respuesta más frecuente).
2. ¡No pongas excusas!
3. Déjame decirlo de otro modo.
4. Ahora no tengo tiempo; quizá más tarde.
5. ¿Crees que recojo el dinero de los árboles?
6. Espera a que tengas tus propios hijos y ya verás.
7. ¿Qué diablos crees que estás haciendo?
8. No comas dulces; la cena está casi lista.

9. Sé bueno con tu hermanita (hermanito) o si no...

10. Limpia tu cuarto.

11. Cuando tenía tu edad...

12. ¿Me estás mintiendo?

13. Come tu cena; hay niños muriéndose de hambre en todo el mundo.

14. ¿No entiendes lo que trato de decirte?

15. ¿No puedes hacer algo bien?

16. ¿Quién te crees que eres?

17. ¿Por qué no maduras?

18. Esto me duele más a mí que a ti.

19. ¿Cuándo aprenderás?

20. ¡Hazlo ahora!

21. ¿No pueden llevarse bien?

22. ¿Por qué no puedes ser como _____ ?

23. ¡Ve a tu cuarto!

24. ¡Haz la tarea!

25. ¡No uses ese tono de voz conmigo!

26. ¡Cállate y escucha!

27. No eres lo suficientemente grande para entender las cosas.

28. Déjame enseñarte a hacerlo bien.

29. Hago esto por tu propio bien.

30. ¡Bájale al radio!

Como esta lista lo demuestra, los comentarios negativos suelen determinar las conversaciones de los padres con los hijos. Puede que sientas vergüenza al constatar cuántos de estos comentarios has dicho a tus hijos. Ciertamente, eso no significa que exista algo malo en ti o en tu forma de criar a los hijos. El punto es que existe un profundo beneficio si te percatas de lo que dices a tus hijos. El estar atento a tus palabras te permitirá elegir otra frase y es justo aquí donde radica el poder. La atención a lo que dices crea la oportunidad de sostener conversaciones diferentes que abren la puerta a momentos más especiales con tus niños.

Calvin: A veces, cuando hablo, las palabras no pueden llevarle el ritmo a mi pensamiento. Me pregunto por qué pensamos más rápido de lo que hablamos.

Hobbes: Para que podamos pensar dos veces, probablemente.

—Bill Watterson, creador
de la tira cómica *Calvin y Hobbes*

Piensa antes de hablar

Aunque todos crecemos sabiendo lo básico respecto a cómo hablar y escuchar, en lo cotidiano mucha gente simplemente no piensa en sus conversaciones: en lo que dicen o en lo bien o mal que escuchan. Y, como sucede con la mayoría de las cosas en la vida, cuando dejas de pensar en lo que haces o dices, pierdes la capacidad de ser efectivo en el momento.

El solo hecho de advertir los comentarios negativos en tus conversaciones con los chicos constituye un comienzo perfecto. Si prestas atención a tus conversaciones, comenzarás a darte cuenta de las cosas, y en cuanto esto sucede, puedes optar por un cambio. El catcher de los Yankees, Yogi Berra, dijo: "Puedes observar mucho con sólo ver." Puede parecer simple, pero funciona.

Cuando medites sobre tus palabras, formúlate las siguientes cinco preguntas, y las respuestas te revelarán maneras de mejorar las conversaciones que sostienes con tus hijos.

- *Primero: ¿Cuál es la frese que tus hijos escuchan de ti con más frecuencia?* ¿Qué cosas dices o preguntas más veces a la semana? O, en un sentido más hondo, ¿cuáles son las conversaciones que dan forma a tu relación?

- *Segundo: ¿Cómo enfrentas los problemas?* ¿Cuáles son los típicos problemas que surgen en tu familia y cómo se dan las conversaciones cuando estos conflictos ocurren? Por ejemplo, si tu hijo lleva a casa una boleta de calificaciones con puros dieces y un seis, ¿qué escucharía? La reacción típica puede parecerse a: "¿Qué piensas hacer para subir ese seis?" O, si tu hija juega un partido magnífico de futbol soccer, anotando un gol y ayudando a la victoria de su equipo —pero saliendo de su posición de cuando en cuando— ¿qué escucharía?

- *Tercero: ¿Qué quieres que tus hijos aprendan de ti?* ¿Qué te gustaría que aprendieran sobre la vida y sobre cómo enfrentar al mundo?

- *Cuarto: ¿Qué deseas que tus hijos piensen de sí mismos?* ¿Qué cualidades y características quieres reforzar en ellos?

- *Quinto: ¿Qué quieres que tus hijos sepan de ti?* Considera la posibilidad de compartir más sobre ti mismo, sobre tu infancia, tus recuerdos, tus preferencias, tus preocupaciones. Comparte cosas de ti con tus hijos, para que puedan conocerte como persona y como padre.

Cuando piensas antes de hablar, tienes la oportunidad de hacer una *elección consciente* sobre lo que tus hijos escucharán de ti. Cuando reflexionas sobre las conversaciones que tienes o no, puedes optar por cambiar el patrón en tu familia. Tienes la oportunidad de comenzar de nuevo y hacer que lo que digas, y cómo lo dices, sea mucho más significativo y tenga más efecto.

No te preocupes por que tus hijos nunca te escuchan;
preocúpate porque siempre te están observando.
—Robert Fulghum, autor estadounidense

Algo en qué pensar...

¿Qué recuerdas de lo que te decían
tus padres?

¿Qué te gustaría que tus hijos recordaran de
tus conversaciones, dentro de 20 años?

Lo que dices sí importa

Desde mis años como entrenador en habilidades comunicativas y conversación efectiva, las siguientes ideas han conservado su validez:

- Tus palabras y conversaciones crean tu realidad, tu futuro y tus relaciones.

- Aquello de lo que hablas —o de lo que no hablas— define tu relación.

He aquí una tercera idea que discutiremos a fondo después: sin expresarte, sin escuchar o prestar atención, no hay conversación y pierdes la capacidad de crear relaciones especiales.

Piensa por un momento cómo impacta el lenguaje la manera en que un niño se ve a sí mismo y al mundo. Los niños pequeños suelen prestar atención a todo lo que haces. Te imitan. Escuchan lo que hablas. Asumen que lo que dices es la verdad: si dices que algo es así, entonces es así.

Por ejemplo, podrías decir a alguien, justo frente de tu hijo, que el niño está pasando por un momento en que siente vergüenza. Él asume que el término "tímido" se ajusta a él y sigue manteniendo el silencio cuando los adultos le hablan.

Puede que hayas escuchado que un niño expresa un pensamiento limitante de sí mismo, algo como "las niñas no pueden hacer eso". Si ella lo dice, lo está pensando. Y si sigue pensándolo, puede que la vida resulte así para ella. He aquí una respuesta factible para una afirmación semejante: "¿En verdad? Háblame de eso." Entonces siembra en su mente la primera posibilidad diciendo: "Bueno, no estoy seguro. Yo pienso que las chicas pueden hacerlo, especialmente si lo desean." Por eso, el libro *The Little Engine that Could* es uno de mis favoritos.

A veces, puede decirse mucho sin usar palabras. El día de Acción de Gracias, Zoe, de tres años, estaba sentada a la mesa junto a Haley, de quince. Zoe come muy bien y está dispuesta a probar de todo. Conforme los platos llegaban a la mesa Haley me los pasaba para que pudiera ayudar a Zoe con sus porciones. Cuando el brócoli llegó a Haley, hizo gestos de desagrado y me pasó el plato. Yo empecé a poner brócoli en el plato de Zoe, pero Zoe imitó el gesto de inmediato y dijo: "¡Nada de brócoli!" Un gesto de repulsión y adiós al brócoli, tal vez para siempre.

Este breve intercambio —aunque no verbal— nos señala por qué es importante estar consciente de lo que se le dice a los niños. La reacción de Haley creó un futuro para Zoe, un futuro sin brócoli.

Puede que no sea una gran tragedia el hecho de ir por la vida sin comer brócoli, pero ya tenemos una idea de lo que quiero decir. El lenguaje tiene el poder de cambiar vidas.

He aquí seis razones por las que el lenguaje y las conversaciones importan:

- Tu visión del mundo está determinada por el lenguaje y las conversaciones que sostienes.

- Puedes tomar decisiones en una etapa temprana de la vida con base en tus posibilidades, capacidades y limitaciones, en lo que se te dice o se afirma en tu presencia.

- En el caso de los niños, existe una fuerte relación entre la conversación y el aprendizaje. La lectura y la conversación son elementos clave del desarrollo.

- La interacción poderosa y efectiva con el mundo requiere de hablar y escuchar, de las habilidades sociales.

- Tus relaciones están delimitadas por el patrón de tus conversaciones.

- Si puedes hablar abierta y significativamente sobre lo que importa, tus relaciones sobrevivirán a las dificultades que llegan de modo inevitable.

Ahora veamos qué significa cada uno de estos puntos para el caso de los niños.

Tu visión del mundo está determinada por el lenguaje y las conversaciones que sostienes. Dos ejemplos resaltan lo que quiero decir. El primero ilustra el hecho de que las palabras pueden lastimar, porque tomamos las cosas personalmente. Mi madre decía:

"Puede que las piedras y los palos te rompan los huesos, pero las palabras nunca te lastimarán." No recuerdo en qué circunstancias dijo esto, pero el punto es que la frase sólo tiene sentido si es que las palabras lastiman. Una versión más precisa sería: "Puede que las piedras y los palos te rompan los huesos, pero las palabras pueden dañar más todavía."

El segundo ejemplo viene de un adagio: Si quieres cambiar a tus hijos, cambia su lugar de juegos y sus amigos. En otras palabras, exponlos a diversas conversaciones. Esta frase se refiere a la noción de que una gran parte de tu medio ambiente es creada por las conversaciones con las que vives y creces. Probablemente conoces personas tan negativas que no deseas estar con ellas, o a alguien que jamás parece estar satisfecho, o a personas que siempre quieren tener razón y hacer que todo se haga a su manera. Probablemente también conozcas gente con la que te encanta estar, te hace sentir seguro, tiene hermosas actitudes respecto a la vida, te hace sentir valioso y especial. ¿Quién prefieres ser cuando estés con tus hijos?

Tus palabras pueden lastimar o nutrir. El patrón de tus palabras crea un ambiente que puede ser benéfico o dañino. Las conversaciones que rodean a tus hijos son tus conversaciones; me refiero lo mismo a las que sostienes directamente con ellos y a las que sostienes en su presencia. Ésas son las conversaciones que tienen el poder de cambiar las cosas.

Tomas decisiones sobre lo que es posible para ti a temprana edad. La mayor parte de la gente puede identificar las decisiones tomadas con base en lo que les dijeron o en lo que se dijo en su presencia. En mi caso, el asunto era mi timidez. Cuando llegaban invitados y éramos presentados, yo no decía nada. Mi madre, tratando de apoyar, entraba en juego y me cubría: "Oh, sólo hay que darle un poco de tiempo; es algo tímido." En una entrevista con mi maestra de primer año, la señorita Jenner, se dijo lo mismo. Ella mencionó mi falta de participación en clase, y mi madre le explicó que yo era tímido. Cuando se tienen tres o cuatro años, comienzas a pensar en ti mismo en los términos en que la gente se refiere a ti. Luego se comienza a actuar de forma consistente con esas etiquetas o palabras o historias. Y vaya que la timidez es una historia en particular limitante. Me gustaría volver a cursar la preparatoria, pero esta vez tendría una pareja. También le digo que me costó mucho adaptarme en mis primeros trabajos porque tendía a no ser participativo y a quedarme callado.

Éste es un problema común. Trabajaba con un grupo de administradores universitarios sobre el tema de la eficiencia grupal. Discutíamos sobre la importancia de ser capaz de expresarse con soltura. En ese momento, un gerente apuntó que no hablaba en un grupo a menos de que se lo pidieran porque, cuando era niño, su padre le decía constantemente que era retraído. Así que ahí teníamos a un gerente exitoso que desperdiciaba parte de su vida en virtud de lo que se le había dicho cuando crecía.

Tal vez te dijeron que no eras atlético o tenías mala coordinación, y quizá esas palabras te impidieron participar en deportes o intentar ciertas cosas en la vida. Esas palabras —esas etiquetas— tuvieron un poder que fue mucho más allá del momento en que se pronunciaron. Y en el caso del gerente al que su padre calificaba de retraído, habiéndole reiterado la etiqueta como patrón infantil, hizo que las palabras tuvieran impacto cuarenta años después de pronunciadas.

A veces, un comentario en apariencia benigno puede tener consecuencias inesperadas. Una amiga y yo estábamos en un restaurante con su maravilloso nieto de cuatro años. El niño trató de balancear su cono de helado en la orilla de su plato y lo tiró. En respuesta, mi amiga dijo: "Eso no fue algo muy inteligente que digamos."

"Supe de inmediato que no había dicho algo bueno", confesó ella después. Todos sabemos que es dañino decir a un pequeño que no es inteligente. Hacerlo de modo indirecto tampoco ayuda. Mejor hubiera dicho: "¡Ups!" o "¡No funcionó!" de forma casual.

Las palabras tienen poder.

Recibí esto de una amiga a quien le pedí que me relatara sus historias:

"Recuerdo que mi madre nos decía a mis hermanas y a mí: '¿Quiénes se creen que son?' Inevitablemente, yo respondía: 'Nadie. Pienso que soy nadie.'

Después tuve que tomar el control de mi propio sentido de lo que valía, porque si piensas que eres nadie, te conformas con muy poco y aceptas permanecer en relaciones que demeritan, además de que no esperas que te pasen cosas buenas. Yo cambié esto voluntariamente, pero muchas personas no lo hacen.

En un tono más ligero, recuerdo haber dicho a mi hermana cuando era pequeña: 'Eres una gran observadora.' El día de hoy es curadora de un museo y piensa que su decisión de vida tuvo que ver con ese comentario que le hice cuando era una chiquilla."

Pienso que puedes decir algo que parece inofensivo y quizá sea cierto, pero no por ello deja de ser una etiqueta. Se trata de algo inventado. Es mejor no comentar nada que arriesgarse a crear una historia de limitación para un niño, una historia sobre sí mismo que puede llegar a creerse. Si puedes estar más pendiente de lo que dices, tienes la oportunidad de elegir las palabras con mayor cuidado.

He sido culpable de este tipo de etiquetamiento. Un día me frustré con mi nieto Ben y le dije que era egoísta. Hubiera sido mucho mejor decir algo como: "Ben, me gustaría que compartieras las cosas con más frecuencia." O: "Ben, quisiera que dieras a Sam la oportunidad de jugar." La palabra "egoísta" nada tiene de malo. Si se repite y se convierte en un patrón, puede comenzar a determinar la manera en que el niño se concibe a sí mismo.

Las etiquetas —"tímido", "retraído", "egoísta", "no atlético", "poco coordinado" y demás— son limitantes. Tales comentarios pueden o no persistir en el tiempo y la conducta del niño puede depender de la frecuencia con que sean repetidos. Es mejor no decirlos. Evítalos. Incluso los comentarios positivos —"atlético", "estudioso", "hermosa"— pueden ser limitantes si siempre son el centro de la conversación.

¿Qué te dijeron siendo niño y qué decidiste como resultado?

Si tratas a un individuo de acuerdo con lo que es, seguirá siendo el mismo. Si lo tratas de acuerdo con lo que puede llegar a ser, se convertirá en la mejor persona posible.
—Johann Wolfgang von Goethe, escritor alemán

En el caso de los niños, existe una fuerte relación entre la conversación y el aprendizaje. Susan Engel, maestra de psicología y directora de programa de enseñanza del Colegio Williams, en Massachusetts, escribió en un artículo del New York Times: "Para diseñar un plan de estudios que enseñe lo realmente importante, los educadores deben recordar un precepto básico de la moderna ciencia del desarrollo." Ella afirma que las actividades que ayudan a los niños a desarrollar una nueva habilidad no siempre se parecen a la nueva habilidad que se desarrolla. "Por ejemplo", explica Engel, "decir el alfabeto no ayuda en particular a que los pequeños aprendan a leer, pero tener conversaciones extendidas y complejas con ellos durante la niñez sí sirve".

Sostener conversaciones con tus hijos los hace desarrollar un cúmulo de habilidades que después necesitarán para ser exitosos en la vida. Una maestra de kínder me comentó una vez que podía distinguir qué niños eran escuchados en casa y cuáles no, porque estos últimos no hablaban tan bien como los otros. No estaban acostumbrados a escuchar o ser escuchados; no habían recibido ese entrenamiento en casa y, en consecuencia, no desarrollaban esas habilidades tan importantes.

Para interactuar efectivamente en el mundo se requieren habilidades conversacionales. La gente no viene al mundo equipada con buenas habilidades para la conversación; éstas deben aprenderse. Pero si no logramos hacerlo es difícil destacar en la vida. Y el asunto es demasiado importante para esperar a que los chicos entren a la escuela y desarrollen la habilidad de comunicarse efectivamente.

Cindy y yo hemos trabajado en las habilidades conversacionales de nuestros nietos. Lo hacemos leyéndoles y conversando con ellos. Con el paso de los años, uno de los indicadores más simples de sus habilidades ha sido el hecho de que sepan ordenar solos en los restaurantes, especialmente cuando se requiere un intercambio con el mesero. Como padre o abuelo, es tentador ayudarles. ¡Resiste la tentación!

Ahora me doy cuenta de que fui demasiado cuidadoso con mis hijos, o subestimé lo que hubieran hecho en caso de tener la oportunidad. Muchas veces pude pedirles que hicieran ciertas cosas solos. Por ejemplo, recientemente leí sobre una mujer que se sentaba con su hijo de diez años antes de ir al médico para hacer una lista de preguntas que él haría al doctor. ¡Ojalá se me hubiera ocurrido!

Siempre quise que mis hijos fueran capaces de hablar eficientemente con los adultos. Las respuestas cortas como "bien" o "como sea" no funcionaban para mí. Pero me di cuenta de eso en realidad hasta que pedí a mi hijo Jesse que sustituyera a un jugador en nuestro partido de tenis semanal. Uno de mis amigos trató de hacer sentir cómodo a Jesse haciendo conversación. El intercambio fue parecido al siguiente:

DON: "¿Qué tal va tu verano, Jesse?"
JESSE: "Bien."
DON: "¿Jugando mucho tenis?"
JESSE: "Sí."
DON: "¿Juegas en torneos?"
JESSE: "Sí."

DON: "¿Qué tal te va en ellos?"
JESSE: "Bien."

Don sintió que Jesse no estaba interesado en hablar y dejó la conversación. Es verdad que las preguntas de Don eran abiertas a respuestas tipo "sí" y "no", pero incluso así Jesse pudo aprovechar la oportunidad para hablar de tenis. Decidí trabajar con Jesse, señalando que necesitaba fijarse cuando la gente estuviera invitándolo a hablar, y necesitaba aprender a hablar al instante, valiéndose de algo más que monosílabos. Quizá llegue a sentirse cómodo hablando con adultos por sí mismo, pero quería asegurarme de que así fuera.

Tus relaciones están delimitadas por el patrón de tus conversaciones. Si preguntara a tus hijos adolescentes qué esperan que tú digas al menos una vez a la semana, podrían decírmelo. Y ese patrón conversacional tendría buenas probabilidades de definir el sentido que ellos perciben en la relación contigo.

Por ejemplo, cuando mi hija Amy tenía 12 años, participó en uno de mis programas de entrenamiento. En un descanso, me preguntó sobre la idea que habíamos discutido en clase sobre pensar en cualquier relación como si se tratara de una serie de conversaciones. Esto es algo que leí por primera vez en un libro de Deborah Tannen, *You Just Don´t Understand*. Profesora de lingüística en la Universidad de Georgetown, Tannen escribió: "La vida de cada persona es vivida como si se tratara de una serie de conversaciones." Las relaciones también pueden verse de esta manera. He sugerido en clase revisar las últimas conversaciones tenidas con alguien para determinar si la relación se ha convertido en lo que quieres que sea. En el descanso, Amy me dijo: "Papá: he estado contando y las últimas doce conversaciones que hemos tenido han tratado de la tarea. ¡Y eso no es muy bueno para una relación!"

Los niños son perspicaces.

Si les preguntas, todo niño pequeño podrá decirte qué le dices más seguido. Después de leer un borrador de este manuscrito, mi nuera, Ranee, preguntó a su hijo de tres años qué era lo que su mamá le decía más. Caroline respondió: "Dices más 'te amo.'"

Incluso ahora, si reflexiono sobre las conversaciones que integran las relaciones en mi vida, es común que encuentre patrones que necesitan cambiar. Por ejemplo, Jesse y yo amamos el deporte. Hablar de ello es un magnífico tema de interés común. Aun así, si limitamos la conversación a ese tema, nuestra relación sería inferior a lo que me gustaría.

Si puedes hablar abierta y significativamente sobre lo que importa, tus relaciones serán especiales. La capacidad de hablar de temas difíciles distingue las relaciones ordinarias de las extraordinarias. ¿Puedes hablar con tus hijos de las cosas que en verdad importan? Es fácil hablar de deportes y películas. Es fácil hablar cuando las boletas están repletas de buenas calificaciones. Es fácil hablar cuando te sientes bien contigo mismo y con la relación. La cuestión es: ¿puedes hablar si las cosas no van bien, cuando estás triste o cuando en verdad no quieres hacerlo?

La mayoría de la gente es criada con la idea de evitar el conflicto y, como resultado, esa gente carece de habilidades para que las relaciones sean especiales. ¿Qué haces cuando tienes un desacuerdo? ¿Lo dejas sin expresar y tratas de seguir adelante como si nada hubiera pasado? ¿Aguantas hasta explotar? ¿O te tomas el tiempo y la energía necesarios para sostener la conversación incómoda —expresándote y escuchando a la otra parte— para llegar a un punto de acuerdo o de mutua comprensión? Para crear relaciones verdaderamente significativas, es esencial discutir asuntos difíciles hasta que todos queden satisfechos con el resultado.

Cuando los niños son pequeños, es fácil exigirles que hagan lo que queremos. Conforme crecen, te das cuenta de que tu capacidad de controlar su conducta desaparece. Así que, mientras más pronto comiences a hablar para salir del conflicto, mejor. Si comienzas temprano —casi antes de que te puedan comprender—, queda todo dispuesto para hablar las cosas conforme vayan creciendo.

No se trata únicamente de las palabras que eliges sino de aprender a comunicarte de modo que construyas relaciones en lugar de muros.

De hecho, ésta es parte de la idea de conversación que Deborah Tanner tiene: o se comunican de modo que se forme una relación, o interactua de manera que dominan o erosionan la relación. Con

sólo reflexionar sobre tus conversaciones recientes y pensar estas ideas, podrás hacer la diferencia. Comenzarás a fijarte y a ajustar el tono de voz, tu forma de decir las cosas y hasta tu aspecto cuando interactúas con tus hijos.

Puede que seas demasiado joven para recordar el Show de Ed Sullivan, pero una vez se presentó en ese programa un tipo que hacía girar platos en la punta de palos. Giraba unos ocho o nueve al mismo tiempo. Mientras mantuviera girando los platos que comenzaban a perder energía, podía seguir añadiendo otros. Estamos ante una buena metáfora de la vida y las relaciones. Pensamos que nuestras relaciones familiares siempre están ahí, siempre están bien y no requieren de nuestra atención. Tal vez si encontráramos la forma de recordarnos que nuestras relaciones más importantes son como esos platos que giran —requieren de atención para seguir girando—, entonces procuraríamos reservar tiempo para leer con los chicos, para hablar de temas interesantes o planear una salida nocturna con nuestra pareja. Distintos tipos de relación requieren distinta atención. Conoces a tu familia. Sabes qué le gusta hacer a cada miembro de ella. Sabes qué puede necesitar cada uno. Y si no estás seguro, sólo pregunta. Probablemente, el mensaje más importante es que nunca es demasiado tarde.

Algo en qué pensar...

¿A quién te gusta ver interactuando con tus hijos?

¿Cómo te describirías al estar en presencia de tus hijos?

Lo que dicen los maestros sí importa

Un padre orgulloso de mis programas de entrenamiento, compartió este mensaje de su hija cuando uno de sus estudiantes la ayudó a recordar por qué se había hecho maestra.

"Un estudiante de grado avanzado del segundo semestre de lengua inglesa, me recordó por qué estoy en esta profesión.

Pedí a Jared redactar cinco preguntas para elaborar en ensayos. La última fue: '¿Qué consejo o sugerencia me harías como maestra de inglés (lo mejor de la clase/lo que no te gusta de la clase; tema favorito/tema menos gustado)?'

Jared respondió lo siguiente: 'Mi consejo para usted, señora McGuire, sería que enseñara a los alumnos sobre la vida. Ya es muy buena en ello. Enséñeles sobre las encrucijadas y las decisiones difíciles. Permita que encuentren su individualidad y enséñeles a aprender, a escribir, a hablar con los adultos. Prepárelos para lo que la vida ofrece y hágales saber lo mucho que el mundo los necesita. Hágalo tal y como lo hizo conmigo. No cambie nada. Usted es una de las mejores y en verdad agradezco que haya estado ahí en mi curso de preparatoria. ¡Gracias!'

Mi línea favorita es: 'Prepárelos para lo que la vida ofrece y hágales saber lo mucho que el mundo los necesita.' ¿No es conmovedor e impresionante?"

La nueva lista

Abordado el tema de por qué es importante prestar atención a lo que se dice, es el momento ideal para analizar algunas cosas nuevas qué decir; nuevas si se les compara con la lista original de las cosas que los niños de hace 20 años escuchaban más de sus padres. El objetivo principal de este libro es alentarte a pensar en tus conversaciones con los niños de distinta manera. Una de ellas es pensar: ¿Qué cosas de las que dices te gustaría que recordaran?

Los siguientes diez capítulos del libro analizan con profundidad mis diez respuestas favoritas a esta pregunta:

1. **Me caes bien.** Es una afirmación diferente a "Te quiero". Esta afirmación implica lo siguiente: "Me gustas como persona." Usa ambas frases.

2. **Aprendes rápido.** Aprender es natural. Los niños son sorprendentes en ese sentido. El aprendizaje es juego para ellos. Lo que les dices a edad temprana influye en su modo de relacionarse más tarde con el aprendizaje, cuando las cosas pueden ser más difíciles o frustrantes.

3. **Gracias.** La simple cortesía es una señal de respeto. Las habilidades sociales son muy importantes en la vida, y el mejor entrenamiento para tener tacto y gracia comienza temprano.

4. **¿Qué te parece si...?** Se trata de establecer acuerdos básicos que preparen las cosas para el trabajo de familia. Al tener

acuerdos se evitan los problemas comunes y se tiene un marco de referencia óptimo para solucionar estos conflictos.

5. **Dime más.** Esta petición sirve para que los niños compartan contigo sus pensamientos, sentimientos e ideas. También implica aprender a escuchar, lo que siempre se agradece porque es señal de que te importa.

6. **Leamos.** Leer a tus hijos trae muchísimos beneficios. Les ayuda a construir habilidades que necesitarán para tener éxito en la vida. Enriquece su relación e inculca amor por el aprendizaje. Y los libros ofrecen una ventana al mundo: gente, lugares e ideas. Si lo piensas leer, e interactuar con tus hijos, teniendo como referencia un libro, constituye una de las conversaciones más tempranas que puedes tener con ellos.

7. **Todos cometemos errores.** Los problemas suceden. Nadie es perfecto. Enfrentar los problemas y aprender de los errores son habilidades esenciales en la vida. Cuando llega un momento en que no se está a la altura de los propios estándares, tenemos la oportunidad de demostrar a los niños cómo tomar la responsabilidad de los errores y seguir adelante. Los niños pueden sentirse muy mal por no satisfacer tus expectativas o no ser perfectos. Darse espacio, por así decirlo, constituye un regalo tanto para los pequeños como para los padres.

8. **Lo siento.** Es algo que puedes aprender a decir. Quizá esto no sea un asunto importante para ti. Lo fue para mí, así que entra en la lista. Aprender a contenerte antes de decir algo que después requiera una disculpa es una habilidad aún más valiosa.

9. **¿Qué piensas?** Pedir una opinión y dar a los chicos la oportunidad de ser parte de las conversaciones familiares, les permite ejercitar la toma de decisiones y asumir la responsabilidad por sus elecciones. Expresar el pensamiento y saber pedir lo que se quiere son habilidades fundamentales que le servirán a tus hijos durante el resto de sus vidas.

10. **Sí.** Aunque sé que "no" es una opción viable, no podemos negar que a veces los padres nos la pasamos negando. Si creas un patrón afirmativo, basado en el "sí", descubrirás que es innecesario decir "no" tanto como piensas.

Las diez afirmaciones que conforman esta nueva lista faltaban en la original. Si las añades a tus conversaciones familiares, harán una diferencia importante en las relaciones con tus niños e impactarán la manera como se ven a sí mismos en el mundo. Espero que las ideas aquí presentadas te ayuden a lograr tres cosas importantes:

- Aprender a escuchar a tus niños, de modo que se sientan escuchados y comprendidos.

- Usar tus conversaciones con los niños para enseñarles, y ayudarles a ganar confianza para ser efectivos en el mundo.

- Hablar con tus hijos para establecer una relación que dure siempre.

Por favor, no pienses que esta nueva lista son respuestas correctas. Son ideas que pueden ser muy benéficas para tus hijos. Para que estas frases hagan una diferencia en tu relación con los niños, necesitan someterse a algunas pruebas sencillas. ¿Hacen eco en ti o tienen sentido de acuerdo con tu experiencia? ¿Crees que puedan marcar una diferencia si las incluyes en tus conversaciones?

Espero que uses algunas de estas afirmaciones. También creo que quizá algunas no te parezcan bien. Pero si una de ellas hace eco en ti y marca la diferencia, me sentiré muy emocionado.

Esto me recuerda un consejo de Tim Gallwey: "No trates de cambiar lo que estás haciendo. Sólo fíjate en lo que haces." Su idea es que lo importante es la atención, y si te das cuenta, las cosas comenzarán a cambiar porque al fijarte puedes tomar decisiones en el momento.

El rango de lo que hacemos está limitado por lo que no advertimos, y puesto que no observamos las cosas, hay poco por hacer para cambiar hasta que nos damos cuenta de que esta omisión da forma a nuestros pensamientos y acciones.

—Daniel Jay Goleman, psicólogo estadounidense

En los últimos tres capítulos encontrarás más información e ideas para comenzar a pensar distinto sobre las conversaciones que tienes con tu familia:

- **¿Qué sigue?** Si pudieras ver el futuro y elegir el tipo de relación que quieres con tu hijo, ¿cómo sería? Te invito a crear tu propia lista de afirmaciones para ayudarte a construir dicha relación.

- **Ideas en acción.** Este capítulo incluye más ideas para crear relaciones por medio de escuchar y conversar. Podrás reflexionar sobre cada capítulo y explorar procesos que ayudarán a que tu familia tenga conversaciones importantes.

■ **Recursos de lectura.** Encontrarás libros para leer con tus hijos, de acuerdo con su edad, y también te ofreceré una lista de sitios web que actualizan frecuentemente sus recomendaciones de lectura para niños de cualquier edad. También se incluye una lista con las referencias utilizadas en este libro.

Nunca es demasiado tarde

No importa qué tipo de relación lleves con tus hijos: me refiero a si son niños que apenas empiezan a caminar, adolescentes o adultos con sus propios hijos; nunca es demasiado tarde para cambiar el patrón de tus conversaciones con ellos y, por lo tanto, el rumbo de su relación.

Uno de mis modelos de cambio favorito es muy sencillo: reconoce el patrón anterior. Procura un nuevo principio y luego actúa consistentemente con el nuevo patrón para seguir adelante.

Por ejemplo, un colega me habló de recibir retroalimentación de su pareja en el sentido de no ser tan estricto con los estudios de los hijos. Tim decidió cambiar ese patrón y tuvo esta conversación con los tres niños esa noche:

"Me doy cuenta de que constantemente les he preguntado si ya hicieron o no la tarea. Me disculpo. Trataré de no volver a preguntar eso. Si las calificaciones indican que deben cambiar sus hábitos de estudio, entonces hablaremos. Ahora confiaré en que harán lo que deben hacer. Si por error vuelvo a preguntar, sólo háganme saber que el asunto está bajo control."

Siempre que tenía a mi recién nacido en los brazos, solía pensar que lo que dijera e hiciera podría influir no sólo en él, sino en todos sus conocidos, y no por un día, mes o año, sino por toda la eternidad: pensamiento muy inquietante para una madre.

—Rose Kennedy, madre
del presidente John F. Kennedy

uno

Me agradas

Piglet se acercó a Pooh por atrás.
"¡Pooh!", murmuró. "¿Sí, Piglet?" "Nada", dijo
Piglet tomando la pata de Pooh. "Sólo quería
estar seguro de ti."
—A. A. Milne, autor inglés

... y me gusta estar contigo.

Podrías pensar que este capítulo debería llamarse: "¡Te amo!" En cierto sentido, tienes razón, pero ya sabes que debes decir a tus hijos que los amas. Sabes lo importante que es y probablemente ya lo dices. También puedes ser como yo: quizá te cueste trabajo decir *te quiero*. Tal vez tus padres no se sentían cómodos diciéndotelo. No obstante, ésas no son razones para no decir *te quiero* a tus propios hijos.

No me criaron para ser expresivo. No recuerdo a mi padre decir que me amaba y, aunque mi madre solía escribirlo en sus notas, no lo verbalizaba. Naturalmente, no me sentía cómodo diciendo a Jesse y a Amy que los amaba. En mi familia tampoco nos abrazábamos, lo que ha cambiado gracias al regalo de haberme casado con Cindy: ella abraza.

Pienso que si tú y yo somos observadores y honestos con nosotros mismos, nos daremos cuenta de que a veces no somos como querríamos al estar con los niños. Y, en ocasiones, se necesita ser confrontado de modo dramático antes de comprender las cosas. Para mí esto ocurrió cuando Jesse fue pitcher con el equipo de beisbol de su escuela. Después de ganar un juego, los padres hicieron fila para felicitar a Jesse. Yo me formé al final. Y entonces vi cómo cuatro o cinco papás abrazaban a mi hijo. De alguna manera, mi tendencia natural a extender la mano y decir "gran juego" no estaba a la altura de quien yo deseaba ser en ese momento.

Ahora bien, no soy fanático de rumiar el pasado. Pienso que somos exactamente quienes debíamos ser por nuestra crianza y experiencia. La cuestión es: ¿quién deseas ser de aquí en adelante?

Me agradas

Así que ya sabes todas las razones por las que vale la pena decir "te quiero" a tus hijos. Entonces podrías preguntarte por qué tendría que decir también "me agradas". La verdad es que es distinto del amor. El amor es incondicional. Los amas por el solo hecho de que son tus hijos y eso no va a cambiar, sin importar lo que suceda. Decir: "Me agrada quien eres como persona", hace saber a tus hijos que los admiras y respetas. Significa que te gusta estar con ellos. Significa que te gusta el tipo de persona en que se van convirtiendo conforme crecen.

Al usar ambas frases, "te amo" y "me agradas", brindas riqueza e impacto. Las dos expresiones son distintas y ambas hacen que cada frase sea más atractiva. Mucho más poderoso aún es hacer que estas afirmaciones se conviertan en parte del tejido conversacional que conforma tu relación.

Cuidado: es humano ser avaro con estas expresiones cuando se está enojado o desilusionado con los niños. Pero justo en esos momentos es más importante incluir estos sentimientos en la conversación, de manera que los niños sepan que las cosas —y la relación contigo— están bien. Cuando exista un intercambio negativo o una interacción disciplinaria con ellos, es muy importante volver a la conversación o interacción normales tras poco tiempo. Los niños necesitan asegurarse de que, aunque estés enojado por algo que hicieron o dejaron de hacer, te siguen agradando, aún los amas. Si escuchan esto con la suficiente frecuencia, podrán asirse de ese hecho y convertirlo en un cimiento sólido para los momentos difíciles.

¿Por qué me agradas? Déjame contar las razones...

Si lo piensas, es probable que encuentres menos de diez cosas que te gustaría cambiar en tus hijos. Y existen muchas cosas de ellos que aprecias, respetas y celebras. De hecho, es buena idea hacer una lista de las cualidades o características de tus hijos, o de las acciones que aprecias en ellos. Esta lista no sólo te servirá para mantener la perspectiva cuando cometan errores o se comporten mal; pone lo positivo en primer plano de tu pensamiento. Y te brinda un punto de partida para reconocer los aspectos y conductas positivos de tu hijo.

De hecho, suelo alentar en mis clientes estas prácticas: reconocer y hacer cumplidos a la gente con la que trabajan. En el lugar de trabajo, el reconocimiento y el aprecio suelen estar ausentes. La gente quiere contribuir. Quieren hacer la diferencia y necesitan que les digan qué hacer. No es suficiente con que lo sepan ellos; es importante que alguien respetado lo note también. Y esto es todavía más importante y verdadero cuando hablamos del ámbito hogareño: tus niños necesitan reconocimiento cuando hacen algo bien.

Cumplidos. Los cumplidos permiten que los demás sepan que te gusta algo que dijeron o hicieron. He aquí algunos ejemplos:

- *¡Lo lograste! ¡Felicidades!*
- *Me agradan tus amigos. Son educados y divertidos.*
- *Eres muy buena para compartir con los niños más pequeños.*
- *Aprecio tu ayuda con los platos.*

- *Me gusta contar contigo.*
- *Me gusta la forma en que enseñaste a tu hermana a jugar ese juego. Demuestra que te preocupas por ella.*
- *Qué buenas calificaciones. Seguro has tomado en serio tus estudios.*
- *Me impresionó mucho cómo controlaste tu temperamento.*

Los cumplidos logran un par de cosas: proveen retroalimentación positiva que afirma tanto la conducta del niño como al niño mismo. Le permiten saber que le prestas atención. A los niños —y a los adultos también—, les gusta ser notados, tener a alguien que exprese aprobación y gratitud por algo que hicieron. Esto los hace sentir bien consigo mismos.

Reconocimientos. Los reconocimientos se enfocan en las cualidades y características que ves y aprecias en alguien. Se trata de lo que te gusta de él o ella como persona. Escribir notas de reconocimiento es una de las habilidades esenciales que incluyo en mis programas de entrenamiento. ¿Por qué? Porque la gente quiere saber que las aprecian como individuos —no sólo por el trabajo que desempeñan— y son muchas las personas, en muchas organizaciones, que no reciben esa retroalimentación. Los empleados no están seguros de qué piensa de ellos su jefe u organización. Y puesto que la relación con el supervisor tiende a ser la más importante en el trabajo, el reconocimiento es una práctica que los supervisores necesitan dominar. También es maravilloso que los padres aprendan. He aquí algunos ejemplos para ser usados en casa:

- *Aprecio lo amable que eres.*
- *Adoro tu espíritu. Es tan divertido estar contigo.*
- *Vaya que aprendes rápido.*

- *Admiro tu deseo de seguir intentándolo aunque el equipo no esté ganando.*
- *Me gusta tu actitud.*
- *Me impresiona que hayas elegido seguir adelante y no perder los estribos.*
- *Me gusta lo dispuesta que estás a probar cosas nuevas.*

¿Recuerdas la obra *Pigmalión*, o las películas *My Fair Lady* o *Mujer bonita*? En parte, se basan en la idea de crear una nueva vida para alguien mediante la conversación y el reconocimiento. Fíjate en las palabras de Eliza Doolittle al coronel Pickering en *My Fair Lady*:

> *Verás... aparte de las cosas que cualquiera puede notar (el vestido, la propiedad al hablar y demás), la diferencia entre una dama y una vendedora de flores no radica en el comportamiento, sino en el trato que se le dispensa. Yo siempre seré una vendedora de flores para el profesor Higgins, porque siempre me ha tratado como se trata a una vendedora de flores y siempre lo hará. Pero sé que puedo ser una dama para ti, porque siempre me has tratado como a una dama y siempre lo harás.*

En contraste, he aquí una línea de *Mujer bonita*: "La gente te rebaja bastante y empiezas a creerlo... Es más fácil creer las cosas malas." O considera al gerente al que nos referimos antes, cuyo padre no dejaba de insistir en que era tímido.

La idea es que tus palabras tengan el poder de crear. ¿Qué creas para tu hijo o hija con tus palabras? Si detectas algo en tu hijo y lo reconoces, esa característica seguirá desarrollándose y creciendo.

Ya sea positivo o negativo, aquello a lo que prestas atención crece. Así que escoge concentrarte en las cosas buenas.

El reconocimiento hacia una persona no sólo la afirma , también evita que se cuestione tu relación y su propio valor. Decir "me gustas" y hacer cumplidos y reconocimientos constituye una herramienta poderosa para crear y mejorar relaciones. Son buenas razones para expresarnos.

Te recomiendo que, ocasionalmente, hagas estos comentarios afirmativos por escrito. Se trata de los mismos mensajes que expresas verbalmente, pero dado que hay tan pocos mensajes escritos en estos tiempos, éstos conllevan un impacto mucho mayor. No desaparecen, como pasa con los comentarios verbales. La gente tiende a conservar las notas o tarjetas o cartas significativas para ellos, y así el impacto puede repetirse cada vez que lean tu nota. Vaya que estamos ante un reforzamiento poderoso.

Yo solía escribir notas a Jesse y Amy. Entonces, Amy me dijo que le gustaban mucho esas notas porque, cuando se preocupaba por saber si todavía la quería, tomaba las notas para releerlas y, según sus palabras: "Estaba bien en una hora."

Las acciones hablan más que las palabras

Este capítulo ha tratado de dos cosas que puedes decir a tus niños. Sin embargo, hay un par de vías no verbales para comunicar
estos mensajes y son, probablemente, más importantes que las
palabras.

La primera vía consiste en poner mucha atención a tus hijos
cuando te hablan. La atención comunica interés. Ser desatento o
hacer algo más cuando te hablan es señal de que no te importan
las cosas.

La segunda forma de comunicar que tus hijos te gustan es pasar
tiempo con ellos. Tu tiempo con ellos es un regalo. Busca lugar en
tu ajetreada vida para hacer lo que ellos quieren. Lee a tus hijos,
uno por uno. Practica videojuegos si los apasionan. Quédate en el
cuarto en que ellos hacen la tarea. Deja que te ayuden con el jar-
dín. Arréglatelas para dedicar tiempo cada semana a cada uno de
tus niños.

Debes decir a tus hijos que los quieres, que te agradan y qué te
gusta de ellos. Hazles cumplidos cuando sea apropiado. Pasa
tiempo a su lado. Escucha con atención lo que te dicen y escribe
algunas notas. Luego fíjate qué pasa. A veces, es magia pura.

Algo en qué pensar...

A tus hijos les gustaría estar más tiempo contigo.
¿Cómo puedes lograrlo?

¿Qué cosas positivas sobre tus hijos has dicho a
otros sin decirlas a ellos?

*En verdad creo en dar oportunidad al talento
joven. Ha sido para mí una causa personal el
exigir a gente talentosa pero no experimentada,
y casi siempre rinden lo esperado.*
—Brad Bird, creador de *Los increíbles*

dos

Aprendes
rápido

Siempre camina por la
vida como si tuvieras algo
nuevo que aprender.
Y así será.
—Vernon Howard,
filósofo estadounidense

¡Me encanta que seas tan curioso!

Destaquemos una de las cualidades o características que podrías elegir para reconocer en tus niños: su asombrosa capacidad de aprender.

En el caso de los niños más jóvenes, esto es sencillo porque ¡vaya que aprenden rápido! Los niños son máquinas de aprender. ¿No es maravilloso cómo ponen atención a todos y a todo lo que los rodea? Un entrenador de soccer me dijo una vez que lo primero que debemos hacer para aprender algo nuevo, es ver la demostración hecha por otra persona y luego tratar de reproducir o imitar lo recién observado. Los niños pequeños son estupendos imitando lo que ven.

Me encanta ver a los niños cuando tienen una nueva idea. Puede tratarse de prender o apagar algo. O descubrir texturas diversas. O abrir y cerrar objetos. Comienzan en la cocina con los gabinetes a su alcance. Abren y cierran. Abren y cierran. Aman la repetición. La misma puerta una y otra vez. Y de pronto parece que entienden las cosas y van con la siguiente puerta. Y la que sigue. Y luego al baño. Los niños practican y practican estas cosas hasta que las dominan. ¡Si pudieran comportarse igual tratándose de álgebra!

Y la lectura: ¿a quién no le ha tocado leer diez veces el mismo libro a un niño, en una sentada? ¡Y el niño se percata inmediatamente si intentas saltarte una página! En lugar de aburrirte por la repetición, dedica algo de tiempo a admirar esta máquina de aprender que funciona a todo vapor.

Llegado cierto momento, esa perfecta máquina de aprender comienza a sufrir interferencia, situaciones que se atraviesan. En este caso tenemos dos asuntos a considerar: uno es simplemente percatarnos de las cosas, y otro consiste en hacer algo al respecto.

El primer asunto en el que debemos fijarnos es en el desarrollo de la identidad del niño, o ego. Parte de la identidad en desarrollo consiste en el deseo de ser independiente, en la necesidad de aprender algo nuevo por medios propios, sin ayuda. Durante su visita de fin de semana, mi hijo Jesse comenzó a empujar el triciclo de su hija Caroline usando una pértiga para no agacharse. Caroline se volvió y, de inmediato, dijo: "¡Sin el palo, papá! La bebé puede hacerlo sola." Y luego siguió mirando por encima de su hombro para verificar que papá no estaba ayudándola.

El otro día vi a una madre que dedicó cinco minutos a esperar a que su hija se pusiera sola el cinturón de seguridad. La paciencia de la madre fue una respuesta perfecta en ese momento. Este instinto de hacer las cosas por sí mismos es un rasgo útil cuando se trata de aprender cosas nuevas y debemos apoyar esta disposición incluso si requiere tiempo extra. A veces, puede ser difícil debido a lo ocupados que estamos. Sólo fíjate en esos momentos y responde apoyando. Pienso que estarás contento con los resultados.

El segundo asunto es la distracción, que se interpone en la capacidad de concentración del niño. Maggie Jackson, autora de *Distracted*, aborda el tema de no tener televisión en el mismo cuarto cuando se trata de niños menores de tres años, edad en que el aprendizaje comienza a profundizarse. Ella nos informa que "dos terceras partes de los niños menores de seis años viven en hogares que mantienen encendida la televisión al menos la mitad del tiempo, un ambiente ideal para las deficiencias de atención". Recientemente, notamos que nuestra hija de tres años, Zoe, no estaba en la sala con todos los demás. La encontramos en una recámara, sola, tratando de desanudar un listón del cuello de su oso de peluche. La dejamos sola y ella siguió así durante veinte minutos, lo que tal vez no habría sucedido de estar en la sala, donde la televisión y otras distracciones podían estorbar.

Nosotros queremos reforzar la habilidad innata de los niños para aprender. En su libro *Talent is Overrated*, el autor, Geoff Colvin, escribe que si te consideras una persona que aprende rápido, estarás dispuesto a aprender cosas nuevas, experimentando menor frustración y desarrollando los dones más rápida. He aquí algunos buenos ejemplos de frases que reafirman el aprendizaje:

- *¡Me gusta que te dediques a algo hasta aprenderlo!*
- *¡Wow! ¡Aprendiste a hacer eso con sólo mirar!*
- *¡Así es exactamente como se aprenden las cosas, con práctica, práctica y más práctica!*
- *Mejoras cada vez que lo vuelves a intentar.*
- *Eres maravillosamente persistente, ¡sé que podrás hacerlo!*

Me gustan estas frases por motivos adicionales. Primero, contradicen algunas conversaciones que no deseamos que nuestros niños absorban o acepten como verdaderas, sobre ser torpe, no muy listo o flojo. En segundo lugar, la vida debe verse como un viaje largo en el que no dejamos de aprender. Nunca llegamos al punto de conocer y saberlo todo. De hecho, la mayoría de nosotros nos damos cuenta de que, mientras más aprendemos, más ignoramos. En tercer lugar, si pudiéramos estar en contacto con nuestra sorprendente capacidad de aprendizaje, intentaríamos más cosas y empezaríamos a reconocer la confusión y la frustración como partes normales del proceso, no como un indicador de que somos de lento aprendizaje.

Una idea relacionada proviene de la más reciente investigación sobre el desarrollo infantil. Megan McClelland, especialista en desarrollo infantil de la Universidad Estatal de Oregon, sugiere que es importante concentrarse en las acciones y no en las características cuando se habla con los niños. Decir a un niño que es listo puede parecer buena idea, pero también conducir a resultados no previstos. Si el niño hace algo bien, entonces no lo considera un logro, así son las cosas. No interviene el trabajo. Es listo y ya. Pero si no hace bien algo, no entiende por qué y no sabe cómo solucionarlo. Su "ingenio" lo ha decepcionado. Puede que incluso piense que no es listo, mensaje opuesto al que queremos enviar.

La investigación ha demostrado que "la habilidad para concentrarse, trabajar duro y perseverar, son excelentes indicadores de cómo le irá a los niños en la escuela y en la vida", añade McClelland. Sugiere decir cosas como: "¡Vaya que trabajas duro!" o "¡Me impresiona que hayas seguido intentando hasta obtener la respuesta correcta!" Esto da al niño una forma de actuar que puede usar cuando no comprenda algo: puede dedicarse al tema y trabajar duro en él.

"Además de trabajar duro y perseverar", agrega McClelland, "controlar las emociones (no hacer un berrinche cuando las cosas no salen como se espera) y la conducta (ser capaz de detenerse, pensar y luego actuar), son factores increíblemente importantes para predecir el éxito social y académico, ¡incluyendo terminar la universidad!"

Hablar con adolescentes

¿Debemos cambiar lo que decimos y nuestra forma de decirlo conforme los niños crecen? Probablemente no tanto como podrías imaginar. En general, debes hablar a tus niños como si fueran adultos. Por naturaleza, el vocabulario utilizado con los niños pequeños es simple y puedes repetir afirmaciones positivas para reforzar un mensaje. Pero la repetición que ofreces para alentar a un niño pequeño puede convertirse para un adolescente en afán de control o en franca manipulación. De este modo, aunque es importante reconocer y alentar a los niños mayores, evitemos hacerlo tan seguido para que el hecho no pierda su significado. Es bueno saber que algunas cosas dejan de ser apropiadas: decir a un adolescente que aprende rápido puede no tener ya el mismo impacto.

He aquí algunas frases que pueden ser buenas opciones para él

- *Aprecio que tú...*

- *Demostraste tener clase al manejar esa situación.*

- *Me gustó que te quedaras con...*

- *Los resultados son reflejo del esfuerzo que invertiste.*
- *Me impresiona que hayas...*
- *Gracias por hablarme de...*
- *Disfruté la conversación de anoche sobre...*
- *Gracias por tu idea. Me hiciste pensar las cosas de manera distinta.*
- *Tengo total confianza en ti: si necesitas mi ayuda, sólo pregunta.*

*Debemos elegir una desaceleración,
para ver de verdad el tiempo y el
espacio en que nos encontramos...
para conocer a la gente y aceptarla
en sus momentos preciosos.*
—Jodi Hills, artista y autor

tres

Gracias

No puedes tener un día perfecto
si no haces algo por alguien
que nunca te corresponderá.
— John Wooden, entrenador
de basquetbol de la UCLA

De nada.

Las cortesías sencillas son importantes en la vida. Conforman el arte perdido de la interacción generosa, amable y sensata. En el mundo de los negocios, la presencia o ausencia de habilidades sociales tiene un impacto dramático en la forma de trabajar de las personas en una organización.

Considera estas expresiones como una manera de ofrecer cortesías simples:

- *Gracias.*
- *Por favor.*
- *¿Le molestaría hacer algo por mí?*
- *¿Tiene un momento?*
- *¿Puedo interrumpir por un segundo?*
- *¿Puedo preguntar algo?*
- *¿Cómo puedo ayudar?*
- *¿Le conviene este plazo?*

¿Por qué suelen faltar tanto estas conversaciones sencillas en el trabajo y en el hogar? Algunos de nosotros simplemente no fuimos educados para expresar estas sutiles afirmaciones que indican interés. Sospecho que la mayoría de nosotros damos por sentadas las interacciones entre los miembros de la familia. Tendemos a prestar menos atención a los familiares que a los invitados. Esto es bueno, porque notar esta cuestión puede cambiar nuestros actos dramáticamente.

Por ejemplo, cuando mi hija Amy tenía unos nueve años, solía jugar en nuestra casa con una vecina amiga, de nombre Jessica. Un día, Jessica derramó una bebida en la sala. Le dijimos que no había problema. Limpiamos rápidamente y le comentamos lo mucho que nos gustaba tenerla en casa. De hecho, es probable que se haya sentido mejor consigo misma después de derramar la bebida, ¡y todo gracias a lo que le dijimos!

Cuando Amy derrama algo, ¿la conversación suele parecerse a la de Jessica? En esa época de mi vida, probablemente no. Es posible que respondiera de una manera que hiciera sentir mal a Amy.

¿Por qué tener dos reacciones ante el mismo suceso? Bueno, en el caso de Jessica pensé: "Cuídala, es una invitada." Y con Amy di por sentada nuestra relación. Por esta razón tratamos a los huéspedes con más amabilidad que a nuestros seres queridos. Es casi como si dijera a Amy que no me importa tanto como Jessica, lo que obviamente no era verdad.

Creo que, cuando damos por sentada la presencia de nuestros seres queridos y dejamos de prestar atención a nuestra interacción con ellos, no sólo negamos cortesías sencillas, sino que decimos cosas que luego desearíamos no haber dicho. O no escuchamos o respondemos de manera que se forme una conexión. En lugar de ello, ponemos una barrera que dificulta el ser maravilloso entre nosotros.

Decir gracias es mucho más que expresar aprecio por lo que hace un niño. Cuando dices "por favor" o "gracias", comunicas que valoras a tus niños independientemente de lo que les pides. Esto cambia el tono de voz y la mirada que usas al hablarles. Suaviza lo que de otra forma podría interpretarse como una orden o exigencia. Hace más lenta la conversación, por lo que ésta resulta más respetuosa.

Ser cortés va más allá de las palabras. Aprecio cuando alguien que entra a un edificio antes que yo espera y sostiene la puerta para mí. Me siento honrado cuando me ofrecen un café. Me gusta cuando preguntan si necesito algo o retiran mi plato a la cocina. Así que digo gracias por esa amabilidad, pero, más importante, digo gracias por advertir mi necesidad y preocuparse por satisfacerla.

Vale la pena revisar y compartir con los niños ciertos libros que definen las cortesías simples, especialmente cuando son un poco mayores y se aventuran en sus propias reuniones sociales en casa de otros niños. Encontrarás una lista de estos libros, organizada por la edad a la que van dirigidos, al final de esta obra.

Estos autores tienen mucho más que decir sobre el tema de lo que yo puedo incluir aquí. Por ahora, si logras enfocar las relaciones con tus hijos con más tacto y sensatez e incluyes más cortesías menudas en el trato, tu familia se dará cuenta.

Cindy me ha entrenado por años para ser agradable. Aprender a ser agradable es un poco como aprender álgebra o a manejar un auto con clutch. Se requiere de práctica. Y siempre es útil contar con alguien como Cindy que observa y dice: "Eso estuvo bien... eso no."

Es precisamente lo que debes hacer en el caso de tus niños. Tus chicos acuden a ti. Te observan atentamente. Cuando son pequeños, ni siquiera se fijan en cometer errores. ¡Vaya momento perfecto para enseñarles tacto, cortesía y respeto por los demás! Habilidades esenciales para entrar a un mundo que necesita más amabilidad y cortesía, más respeto y gracia.

La mayoría de los seres humanos tienen una infinita capacidad para dar las cosas por sentadas.

— Aldous Huxley, escritor inglés

Algo en qué pensar...

¿Te has fijado en quién ha sido cortés últimamente?

¿A quién has visto darlo por sentado?

No des nada por sentado

Una de las razones por las que olvidamos utilizar las cortesías simples es que, en el momento, no damos la suficiente importancia a la persona que está con nosotros. Esto tiende a pasar con la mayor parte de la gente con la que nos encontramos cada día.

Se trata de algo parecido a la capacidad de manejar quince kilómetros de una ruta familiar, dar muchas vueltas y llegar a casa sin siquiera haberte dado cuenta. Tenemos esta asombrosa habilidad para llevar la vida en automático. Pero no queremos usar el piloto automático con nuestros niños.

Recientemente, Cindy visitó a su amiga Sue, cuyos nietos estaban en casa. Sue comentó después de la visita lo muy interesados que estaban los nietos por la conversación con Cindy, lo cual fue una reacción natural ante la intención de ella de dedicar su completa atención a los niños cuando hablaban.

Si tienes la intención de hablar a tus hijos siempre con gracia y respeto, notarás cuando te hayas quedado corto, y el simple hecho de darte cuenta te da la oportunidad de hacer una elección diferente. Si intentas darles toda tu atención cuando te hablan, sabrás hallar el tiempo para escuchar aunque creas estar demasiado ocupado.

Nuestras vidas no se hacen más lentas. La tecnología nos permite hacer varias cosas al mismo tiempo y mantener varias pelotas en el aire a la vez. Suele ser maravilloso. Pero hay otras ocasiones en que estaríamos mejor bajando el ritmo y recordando el dicho: "Si vale la pena hacerlo, vale la pena hacerlo bien."

Encuentra el valor para hacer preguntas y expresa lo que realmente quieres. Comunícate con los demás tan claramente como puedas para evitar malentendidos, tristeza y drama. Con este acuerdo, puedes transformar completamente tu vida.

—Miguel Angel Ruiz, autor mexicano

cuatro

¿Qué tal si nos ponemos de acuerdo para...?

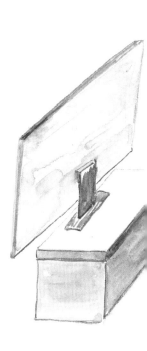

"Sólo sigue caminando, papá."

Cuando mis hijos estaban en la secundaria, ocasionalmente trabajaba con los maestros de su escuela. Una noche, Jesse y Amy parecían preocupados por eso, así que les pregunté si el hecho de que yo trabajara en su escuela era un problema para ellos. También les dije que, si se trataba de una preocupación real, podían elegir si yo seguía, o no, trabajando ahí. Bien. Al ser confrontados con la decisión, ambos decidieron que estaba bien que yo trabajara en su escuela, pero Amy tenía una petición: si nos encontrábamos en el pasillo y ella estaba con amigas y no me saludaba, mi trabajo era seguir caminando sin más. Estuve de acuerdo.

Existen tantos problemas que podrían evitarse con algunos acuerdos sencillos, ya se trate de cuestiones entre gerentes y empleados, entre padres e hijos o entre hermanos y hermanas. Los acuerdos son la base para las relaciones especiales. No se trata de reglas inflexibles que jamás se rompen. Los acuerdos son únicamente guías que usamos por adelantado para reducir la frecuencia y severidad de los problemas. No se necesitan muchos, sólo los suficientes para evitar que las situaciones problemáticas y predecibles nos causen sinsabores.

En el mundo de los negocios, hablamos de acuerdos entre supervisores y la gente que trabaja para ellos, o entre miembros de un equipo. No hay reglas para lograrlos, pero toma en cuenta los siguientes valores, definidos desde la perspectiva de un empleado:

- Tendremos metas y expectativas claras en todo momento.

- Si hay dudas respecto a mi desempeño o si los demás dicen algo en ese sentido, se me comunicará antes de una semana.

- Tengo permiso para preguntar cualquier cosa.

- Nos pondremos de acuerdo sobre cómo puedo acudir a ti si necesito respuestas u orientación.

- Promete estar de mi lado.

¿Qué problemas recurrentes de tu familia podrían resolverse por medio de acuerdos? Lo mejor es tener la menor cantidad de acuerdos posible y procurar que se trate de cosas importantes. Cuáles son mejores para ti y tus niños es una cuestión que depende de ti, de la edad de los niños y de lo que importa en tu familia.

No usé la palabra "acuerdo" con mis hijos cuando eran pequeños, pero reconocían la siguiente afirmación y, al repetirla constantemente, se creó un acuerdo entre nosotros:

- Si algo sucede, dímelo. No tendrás problemas por lo que hayas hecho. Me desilusionarás si no me dices.

Luego, cuando eran adolescentes, agregué los siguientes acuerdos:

- Trataré de no decirte qué hacer. Si quieres mi consejo, pídelo.

- Confiaré en ti. Eso significa que tendremos la menor cantidad de reglas posible. Sólo te pido que pienses en lo que el resto de la familia debe saber para no preocuparnos ni sentirnos mal.

- Si haces algo incorrecto desde mi punto de vista, te lo diré. No tienes que explicarme por qué lo hiciste. Sólo debes escuchar mi punto de vista y luego seguir adelante.

Cuando Amy me dijo que siguiera caminando, añadimos otro elemento a la lista de los acuerdos familiares.

Mi amigo Ed entrena a un equipo de soccer. Dice que sólo tiene dos acuerdos con los chicos:

■ Juega a todo vapor o salte del juego.

■ Si te hablo, préstame toda tu atención.

Por otra parte, Ed tiene cuatro páginas de convenios para los padres, porque sabe por experiencia que cada temporada enfrentará los mismos problemas. Discutir por adelantado los acuerdos con los padres reduce el número de problemas que debe atender y hace que sean más fáciles de solucionar cuando se presentan.

Una de las escuelas a la que asistió mi hijo tenía dos acuerdos con los estudiantes:

■ Sé bueno.

■ Haz lo correcto.

Cuando lo piensas, esos dos convenios cubren mucho terreno. Por supuesto que los niños son niños, así que esto no significó que tuviéramos armonía completa en todo momento. Pero gracias a estos acuerdos, los chicos por lo general sabían que no estaban actuando según lo pactado.

Cindy y yo también tenemos acuerdos. Algunos son simples. Si me pregunta cómo se ve antes de salir a cenar o al cine, sólo se me permite una respuesta. Esto me ha salvado de mi propia torpeza más de una vez. Tenemos un protocolo más formal para atender los problemas en cuanto surgen. Adopté esta práctica a partir de un joven integrante de una de mis clases. Se requiere que una persona defina el problema claramente mientras la otra escucha con toda atención —sin resistencia, comentarios o preguntas— para luego responder constructivamente. He aquí un ejemplo de cómo funciona:

CINDY: "Tengo un problema."

PAUL: "Ok. En cuanto estés lista para discutirlo, estaré listo para escuchar."

CINDY: "Estoy lista."

PAUL: "De acuerdo. Háblame del problema."

CINDY: "He aquí el asunto..." (*continúa hasta decirlo todo.*)

PAUL: "Comprendo" o "bien" o "¿qué más?" (*escucho sin resistencia.*)

CINDY: "Eso es todo. Gracias por escucharme."

PAUL: "¿Y tienes alguna petición?"

CINDY: "No. Sólo quería decírtelo" o "Sí, te pido que..."

PAUL: "De acuerdo" o "¿Qué te parece si...?"

Es difícil discutir los problemas. La mayoría de nosotros no fuimos educados para quejarnos o expresar preocupaciones, pero queremos que el panorama sea diferente para nuestros niños, ¿no? Este protocolo garantiza que se obtendrá una respuesta de apoyo siempre que surja un conflicto. Significa que debes escuchar sin resistencia hasta que la otra persona termine, averiguar si solicita algo y responder de modo que quede claro que comprendiste el problema. Luego, cuando haya un asunto o surja un problema, puedes pedir lo mismo de parte de los demás: ya habrás perfeccionado el sistema, por lo que ellos saben qué esperar. Es muy sencillo. Muy poderoso. Y falta en casi todas las relaciones.

He aquí algunos pactos que los padres han alcanzado conmigo. Son sólo ejemplos que pueden servir para pensar qué acuerdos tienen sentido para ti y tus niños.

De tres a ocho años

- Si compartes, una persona corta el pastel y la otra elige primero la pieza que desea.

- No hay quejas... usa palabras; pide lo que quieres.

- Si tienes problemas para controlar tu temperamento y necesitas estar solo, dispones de todo el tiempo que requieras.

De ocho a doce años

- La persona que estudia determina cuánto ruido puede haber en la casa.

- Si alguien promete algo no cumplido en el plazo convenido, debe hacerse en ese momento.

De doce a dieciocho años

- Si necesitas hablar, dispondré de tiempo para ti y no te daré consejos a menos que me los pidas.

- Cuando estés invitado a una fiesta, necesitamos todos los detalles, nombres y teléfonos para confirmar los arreglos; mantenerte seguro es parte de nuestro trabajo.

De dieciocho años en adelante

- Si no estarás en casa a la hora acordada, me mandarás un mensaje de texto.

- Si estás con amigos y el conductor ha bebido o está indispuesto para manejar, llámanos. Te recogeremos donde estés sin hacer preguntas. Tu seguridad es más importante para nosotros que cualquier otra cosa.

Recuerda: no se trata de reglas que jamás se romperán. Tus acuerdos son guías que facilitarán la vida en común. Muestran respeto por la realidad de todos y te brindan un punto para comenzar la discusión cuando algo marcha mal. Como dijo la doctora Susan Newman, autora de *The Book of No*: "Piensa en el cuidado de tu niño o niña como si se tratara de una colaboración, no de una dictadura."

Algo en qué pensar...

¿Qué acuerdos te gustaría tener con tus hijos?

¿Qué acuerdos te gustaría que ellos establecieran contigo?

¡Ay! ¡Ups!

Este caso es de la señorita Hughes, una maestra de preparatoria de Chicago cuya clase adoptó el siguiente acuerdo: determinar un lenguaje para ser utilizado cuando los muchachos sintieran la necesidad de mostrarse rudos, lo que podría interferir en el reconocimiento de sentimientos o en asumir responsabilidad por los actos.

Cuando alguien dice algo ofensivo o doloroso a otro en el salón, tú puedes decir: "¡Ay!" Entonces, la persona que hizo el comentario responde: "¡Ups!" para reconocer que las palabras fueron inapropiadas.

Esto tiene que ver con la enseñanza del poder del lenguaje y con la rápida resolución de conflictos. Por ejemplo, puede que Craig no considere gran cosa decir: "Eres muy gay como para que te guste leer", pero yo pienso que sí es ofensivo por la connotación negativa que se da a la palabra gay. Además, puede haber alumnos gay en el salón. Así, al decir "¡Ay!", simplemente se reconoce que el comentario fue ofensivo o doloroso. Cuando quien habla dice "¡Ups!", no necesariamente se está disculpando por sus ideas sobre la homosexualidad; reconoce y/o se disculpa por ofender con la palabra elegida.

Cuando me siento frustrado y generalizo sobre un grupo o estudiante y digo cosas como: "Este grupo se comporta mal", o "estoy cansado de que siempre estén haciendo x", es probable que algún estudiante diga "¡Ay!", por hacer generalizaciones. Esto permite a mis estudiantes ser honestos conmigo sobre la elección de mis palabras sin faltar al respeto. ¡También me ha obligado a pensar con más cuidado los términos que uso para dirigirme a la clase!

El regalo más precioso que podemos
ofrecer a cualquiera es nuestra atención.
—Thich Nhat Hanh, , monje budista

cinco

Dime más

Pero las pausas entre las notas:ah,
¡ahí es donde reside el arte!
—Artur Schnabel, compositor
y pianista austriaco

Cómo hacer que los niños hablen.

En mis programas de entrenamiento, a veces escucho que los papás de los adolescentes lamentan los monosílabos con que sus hijos responden. Esto suele ser cierto con niños de hasta 10 años. No suele suceder con los de cuatro —rara vez ofrecen respuestas cortas como "bien", "ok" o "como sea".

Tal vez el asunto esté relacionado con convertirse en adolescente, pero no quiero creer eso. Antes que nada, conozco padres que tienen muchas conversaciones maravillosas con sus adolescentes. En segundo lugar, si cedemos ante la noción de que es una cuestión de adolescentes, entonces poco o nada podemos influir en el asunto y no estamos dispuestos a aceptar eso. ¿De acuerdo?

Veamos las cosas desde otro punto de vista. Tal vez los hemos entrenado para darnos respuestas breves. Quizá tenga que ver con que solemos darles este tipo de respuestas cuando nos preguntan algo. O tal vez se deba a que decimos "luego", pero esto se interpreta como: "No. No quiero oír hablar de eso."

O quizá aprendieron que no les permitiremos tomarse su tiempo al hablar con nosotros. Un colega compartió esta historia sobre su hijo, Ellis. Cuando tenía siete años, Larry le pidió que le hablara de su día. Ellis respondió: "Bien, ¡pero promete que no te vas a robar mis pausas!"

Dado que las conversaciones suelen comenzar con una pregunta, veamos las que tú y yo formulamos. Considera las cosas que la gente pregunta en cuanto sale del cine. Si te fijas, creo que descubrirás que las siguientes son las dos más comunes:

- *¿Te gustó?*
- *¿Qué piensas de la película?*

Éstas no son preguntas poderosas. Abren la puerta a respuestas monosilábicas —sí o no— o a simples referencias a la película, buena, mala o regular; no llevan a una conversación creativa. Considera estas opciones:

- *Dime cuáles fueron tus partes favoritas de la película.*
- *¿En qué te hace pensar esta película?*

Ahora considera lo que preguntas a tus hijos cuando regresan a casa de la escuela. Apuesto a que es algo así: "¿Cómo te fue?".

Mejor usa las siguientes opciones y ve qué pasa:

- *Dime qué pasó hoy en la escuela.*
- *¿Qué aprendiste hoy?*
- *¿Qué intentaste hoy?*
- *¿Con quién fuiste amable?*
- *¿Con qué luchaste hoy?*
- *¿Qué te preguntaste hoy?*
- *¿En qué te fijaste durante el camino de regreso a casa?*
- *¿Qué de lo aprendido puede ser interesante para mí también?*
- *¿Qué tipo de diversión tuviste?*

Hablamos de esta idea durante una capacitación laboral sobre la eficiencia personal. Al día siguiente, un joven reportó haber tenido la siguiente conversación con su hijo de 8 años:

PAPÁ: "¿Qué aprendiste hoy en la escuela?

HIJO: "¿De qué materia?"

PAPÁ: "De cualquiera que quieras contarme."

Su hijo procedió a contarle qué había aprendido en todas las materias a las que asistió ese día. La conversación de 30 segundos que normalmente seguía a una pregunta semejante, se convirtió en una conversación que duró todo el camino de regreso a casa.

Como puedes ver, "Cuéntame más" o "Dime sobre" son invitaciones para la conversación y demuestran nuestro interés. No dirigen la conversación, pues quien responde lleva la plática a donde quiera. Más importante todavía, son preguntas diferentes. Rita Mae Brown definió la locura como hacer lo mismo una y otra vez esperando resultados distintos. Ése es el punto. Al preguntar: "¿Cómo te fue?", se está siendo insensato, pues dicha pregunta ha llevado casi siempre a un callejón sin salida.

Empieza a realizar este tipo de preguntas cuando los niños son pequeños, de modo que se conviertan en una parte integrante de su vida en común. Claro que pueden responder cosas como "nada" a cualquier pregunta, sin importar qué tan agudo seas. Hay veces en que no quieren hablar. Debes respetar eso diciendo: "Bien. Si luego quieres decirme algo, te escucho".

Precauciones conversacionales

Si quieres que tus hijos sigan contándote de su vida, he aquí dos cuestiones críticas que debes tener en cuenta, especialmente cuando los niños se acerquen a la adolescencia y más allá de ésta:

- **No hagas muchas preguntas.** Esto puede interpretarse como intrusión o, peor, un interrogatorio. Si haces muchas preguntas, los chicos comenzarán a compartir cada vez menos contigo.

- **No cuentes lo que te digan si no tienes su permiso.** Si tus chicos sienten que dirás a otros lo que te dicen, serán muy cuidadosos al elegir qué te cuentan y qué callan.

Sé que estas dos advertencias pueden ser difíciles de asimilar porque estás interesado en la vida de tus hijos y amas decir a la familia y a los amigos qué pasa con ellos. Aun así, si piensas en las consecuencias de largo plazo, podrías optar por cambiar tu forma de hacer las cosas.

Si quieres mejorar la calidad de las conversaciones, con tus niños o con cualquiera, debes atender los siguientes errores comunes:

- Interrumpir antes de que hayan terminado de hablar.
- Dominar la conversación al hablar más de lo apropiado.
- Hacer que la conversación trate sobre ti.
- Hacer otras cosas en lugar de estar atento.
- Decir cosas negativas sobre alguien que no está presente.
- Molestar o bromear de más. Debemos evitar que los chicos sean latosos o demasiado bromistas. Esto puede hacer que dejen de estar dispuestos a hablar de cosas serias.

El delicado arte de escuchar

Uno de los mejores artículos que he leído en mi vida trataba sobre escuchar. El *Utne Reader* reimprimió un capítulo del libro de Brenda Ueland, *Strenght to Your Sword Arm*. El artículo se titulaba: "Dime más", y describía la magia que tiene lugar cuando alguien habla en presencia de una persona que sabe escuchar sin interrumpir y sin cambiar el tema; alguien que escucha de todo corazón para luego, según sea necesario, agregar la petición de apoyo: "Dime más." O la pregunta equivalente: "¿Qué más?"

Por supuesto, a veces una buena conversación es un asunto que viene y va, incluso un tanto caótico, pero debajo de esas conversaciones subyace la noción de desacelerar y limitarse a escuchar cuando conviene. No es raro que esto sea lo único que los chicos necesitan: ser escuchados.

Años atrás, di un curso llamado: "Una noche especial para escuchar" a algunos de mis clientes corporativos y a sus familias. Durante la sesión, hicimos un ejercicio en el que la persona que escucha no podía decir absolutamente nada. En realidad, se trata de un ejercicio para dedicar la atención completa a la persona que habla para que se sienta verdaderamente escuchada. Solíamos usar temas como los siguientes:

- *Háblame del barrio en que creciste.*
- *¿Cuáles son algunos de tus recuerdos favoritos?*
- *¿Cómo son tus sueños o pensamientos sobre el futuro?*
- *Cuéntame de tus amigos y qué te gusta de ellos.*
- *¿Qué te preocupa tanto como para perder el sueño por las noches?*

En las primeras dos rondas, los miembros de la familia se dividieron y trabajaron con personas que no conocían. Mi intención era lograr que todos se sintieran cómodos escuchando antes de hablar entre familiares. Después, los padres y los hijos podían practicar escuchándose entre sí. Un par de semanas más tarde, recibí un correo electrónico de Andrea, una de las participantes.

Querido Paul:

Anoche, mi hija de 14 años, Chelsea, llegó a casa y dijo: "Mamá, necesito hablar. Si puedes escucharme como aprendimos a hacerlo la semana pasada, me evitarías un viaje en bicicleta de cinco kilómetros hasta casa de mi amiga.

Gracias.

Andrea

Me encantó. Vaya diferencia cuando se accede a escuchar de distinta manera. Estamos ante una habilidad que requiere práctica. Un maravilloso libro llamado *The Lost Art of Listening*, escrito por Michael Nichols, destaca que la gente suele escuchar para comprender o seguir una conversación, y no para participar no verbalmente, dejando saber a la persona que captaste lo dicho. Puede que escuches de cuando en cuando la expresión "Lo tengo" en las películas. La primera referencia que recuerdo aparece en la película *The Court Jester,* con Danny Kaye:

—*¿Lo tienes?*

—*Lo tengo.*

—*Bien.*

Eso es lo que nos interesa.

D I M E   M Á S

Nichols dice que lo importante es el simple hecho de escuchar sin añadir o cambiar la conversación. Alentar a alguien no es igual a escucharlo. Tratar de resolver el problema no es escuchar. Sólo escuchar es escuchar. Y cuando la gente siente que estás interesado y poniendo atención, suele hablar de cosas que le interesan.

Tal vez tuviste experiencias semejantes con personas que son excelentes escuchas. Cuando hablas con ellos, te dan la sensación de que disponen de todo el tiempo del mundo para escucharte. No hacen preguntas hasta que has terminado de exponer tus ideas sobre el tema. Estas personas te hacen sentir muy bien y las conversaciones con ellas suelen ponerte de buenas. Eso es justo lo que quieres ofrecer a tus niños...

Como afirma Nichols en *The Lost Art of Listening*:

> En el poco tiempo que reservamos a la familia y los amigos, la conversación suele ser precedida por frases tranquilizadoras y por distracción pasiva. Demasiado cansados para hablar y escuchar, nos conformamos con los aparatos electrónicos que muestran fotos, hacen música y demás. ¿Este estilo de vida nos llevó a olvidar cómo escuchar? Tal vez llevamos este estilo de vida porque buscamos algún tipo de solaz, algo para contrarrestar el paulatino consumo del espíritu que sentimos cuando nadie nos escucha.

Los niños pequeños te dan muchas ocasiones de escuchar en una tarde. No suelen darse cuenta de que piensas en otra cosa a pesar de que ocasionalmente asientes o murmuras dirigiéndote a ellos. Bueno, a veces sí notan que no tienen toda tu atención y dicen algo como: "¡Mírame!"

UNA ROSA ES UNA ROSA

ROSE IS ROSE © 1995 Pat Brady and Don Wimmer.
Reprinted by permission of Universal Uclick for UFS. All rights reserved.

Comienza temprano

Aunque nunca es demasiado tarde para poner atención a lo que dices a tus niños, la verdad es que nunca es demasiado temprano para empezar a hacerlo. De hecho, me gusta la idea de que leas a tus hijos incluso antes de nacer. Cuando la intención es dar toda tu atención al bebé, al niño pequeño, al que ya va a la escuela y demás, llegando hasta la vida adulta, se crea un espacio en donde puede crecer la relación.

Por ejemplo, busca oportunidades para pedir a los chicos que te expliquen las cosas. Cuando visito a mi nieto y nos alistamos para jugar, trato de que el pequeño me explique el juego. De vez en cuando, debo contener a los niños mayores para evitar que añadan algo o corrijan la explicación. Prefiero escuchar y hacer preguntas en pos de la claridad. Me gusta escuchar cuando un pequeño explica algo por primera vez.

En cada capítulo de este libro, encontrarás ideas que puedes utilizar con los niños muy jóvenes; al hacerlo, preparas el escenario para sostener grandes conversaciones con tus hijos por siempre.

Cheryl, mi editora, me contó que un día trabajaba en casa y su hija de cinco años, Cassidy, entro a su oficina varias veces buscando algo. Cheryl estaba ocupada en la computadora o en el teléfono y no dejaba de decir: "Dame un minuto." Cassidy se iba y mamá seguía trabajando dando por sentado que su hija se había puesto a jugar feliz en su cuarto. Durante una llamada telefónica, Cassidy entró y deslizó una hoja de papel frente a su mamá. El mensaje decía: "¿Alguna vez tendrás tiempo para mí?" Cheryl dijo a su cliente que debía colgar y se disculpó. Finalmente brindó a su hija la atención concentrada que le había pedido.

Los niños pequeños no siempre necesitan de nuestra atención para seguir hablando. Están ocupados desarrollando sus habilidades lingüísticas y lúdicas. A pesar de ello, si quieres que tus hijos hablen contigo cuando tengan diez, doce o catorce años, te recomiendo que, cuando sean chicos, hagas una pausa cada noche para hablar con ellos a su nivel, poniéndote en cuclillas y dándoles tu atención íntegra durante 15 minutos. Sé que a veces uno debe hacer varias cosas a la vez, pero te sugiero que lo hagas lo menos posible cuando tus seres queridos te hablen.

Recibí este mensaje de uno de los participantes de mi programa de capacitación: "*Si quieres cambiar la relación, tienes que cambiar la conversación.* El mensaje que diste en la clase se me quedó pegado. Empecé a sentarme con mi niño de tres años para preguntarle sobre su día. Ya aprendí mucho de él."

Así que, cuando los niños sean pequeños, busca oportunidades para darles la experiencia de ser en verdad escuchados, de tener tu atención absoluta.

Cuando crezcan, una forma de dejar saber a tu adolescente que te interesa lo que tenga que decir es: "Estaré listo para escucharte en cuanto estés listo para hablar." Recuérdales con poca frecuencia que tratarás de no dar consejos ni harás demasiadas preguntas. Luego, cuando hablen, deja de hacer lo que estás haciendo y escucha, escucha de verdad sin ofrecer consejo a la menor provocación y sin externar opiniones que nadie ha pedido. No creas que los adolescentes te darán cinco o seis oportunidades al día para que los escuches. Tal vez suceda una vez a la semana. Debes estar listo. Debes buscar las señales. Cuando estén a tu alrededor o cuando hagan comentarios sobre la vida ahí está la oportunidad.

"Pienso que es agradable buscar esos momentos para conversar", me escribió recientemente Anne, una colega. "En el caso de los adolescentes, esto suele suceder tarde por la noche, pero bien vale la pena perder algo de sueño para escuchar las ideas de tus hijos y mostrarles que estás interesado en sus pensamientos. Hemos tenido algunas de las mejores conversaciones tarde por la noche, cuando todo está tranquilo en casa y se siente como si tuviera uno todo el tiempo del mundo."

A veces sólo necesitas pasar tiempo con tus niños cuando sientas que necesitan hablar. Yo solía llevar a Jesse a jugar basquetbol y luego esperaba a que él empezara a hablar.

Busca oportunidades para estar con tus hijos. Puedes permanecer en el mismo espacio que ellos sin intención de hacerlos hablar ni de tener una conversación. Sal y mira cómo lanzan la pelota de basquetbol al aro. Siéntate y míralos jugar un videojuego. Toma un libro y lee en la habitación en que él o ella estudian. Si decides poner atención a las señales que indican que tus hijos están listos para hablar, es más fácil que encuentres la oportunidad de hacerlo.

Escuchar requiere que entremos activa e imaginativamente a la situación de la otra persona, para tratar de comprender un marco de referencia distinto al propio.
—S. I. Hayakawa, senador estadounidense

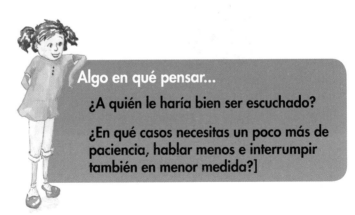

Algo en qué pensar...

¿A quién le haría bien ser escuchado?

¿En qué casos necesitas un poco más de paciencia, hablar menos e interrumpir también en menor medida?]

Sólo lo dicen una vez...

Cerca de las tres de la tarde es casi una tortura salir de la oficina. Falta hacer varias llamadas importantes, revisar proyectos maravillosos que no he echado a andar, hay dinero sobre la mesa, y se supone que debo irme. Nunca salgo a las tres, pero a las 3:10 ya estoy en la puerta.

Corro a mi auto y manejo como loco. Llego a su escuela. Hay una larga fila de coches. Uno tiene que avanzar centímetro a centímetro hascuela, siempre me toca formarme en una fila ya larga. Soy el único hombre en estos autos, lo que ilustra bien los valores de la maternidad tradicional, pero también soy una especie de reto a su identidad por estar ahí. Tú sabes. Trabajo a todo vapor. Llevo mi celular, mi máquina de dictado y trato de aprovechar cada momento. Y finalmente llego al principio de la fila, y veo sus caritas redondas. Abro la ventana del lado del pasajero. Meten las mochilas y digo: "Anni primero y luego David." Nunca siguen mis instrucciones.

Y entonces surgen las historias, que nunca escuchaba en la cena, los chicos cuentan las cosas sólo una vez y las cuentan a quien esté ahí. En ocasiones, me toca una versión embellecida, de modo que no todo está perdido. Y con bastante rapidez me maravillo ante mi propia transformación: de ser un loco furioso a tener otra magnífica fuente de significado. Son tres o cuatro minutos llenos de sonrisas, carcajadas y problemas.

— Ronald A. Heifetz, , cofundador del Centro de Liderazgo John F. Kennedy
Escuela de Negocios, Harvard, *extraído de un discurso pronunciado en 1999 para la
Academia Burns de Liderazgo, en su Centro de Estudios Avanzados de
Liderazgo, en la Universidad de Marylandd*

El arte de la lectura es, en buena medida, el arte de adquirir una mejor comprensión de la vida gracias a un encuentro con los libros.

—André Maurois, autor francés

seis

Leamos

"Tiger está bien, en verdad", dijo Pooh con flojera.
"Claro que lo está", dijo Christopher Robin.
"Todo mundo lo está en realidad", dijo Pooh.
"Eso pienso", dijo Pooh.
"Pero no creo tener razón", dijo.
"Claro que la tienes", dijo Christopher Robin.
—A. A. Milne, , autor inglés

Acceso al aprendizaje, a los demás, al mundo.

Una de las ideas que me ha guiado durante mucho tiempo, es la noción del aprendizaje vitalicio; el aprendizaje es algo que abarca toda la vida, desde la cuna hasta la tumba. En su obra *Driven: How to Succeed in Business and in Life*, el autor Robert Herjavec habla de la necesidad de aprender siempre y de lograr la maestría en algo durante la vida. Peter Drucker, autor de docenas de libros de negocios, preguntó a gente dedicada a campos muy diversos lo siguiente: ¿A qué atribuye su éxito? Las respuestas fueron consistentes: habían aprendido cosas por experiencia, revelaciones que permanecieron con ellos a lo largo de sus vidas y les ayudaron a llegar al éxito.

- ¿Cómo enseñar a los niños el amor por el aprendizaje en la vida? ¿Cómo ayudarles a ver el aprendizaje como parte de la maestría en la vida? ¿Cómo enseñarles que aprender es una actividad que dura para siempre?

- ¿Cómo ser siempre curiosos, para así apreciar la maravilla y la magia de *no* saber?

- ¿Cómo alentar su interés en la gente?

- ¿Cómo enseñarles a ser exitosos en el mundo?

No tengo todas las respuestas, pero sí cuento al menos con dos: leer y jugar.

La guía para la lectura en voz alta

He aquí algunas lecciones que aprendí de Jim Trelease y su obra *The Reading Aloud Handbook*. Un libro emocionante con herramientas sencillas para ayudar a tus niños, en casa y en el salón de clases, a aprender y a gozar de la lectura para convertirse en lectores vitalicios. También ayuda a evaluar mejor el ambiente de lectura en el salón de clases de tu hijo, en la biblioteca y en casa.

- Existen estudios confiables que confirman la importancia de leer en voz alta y de la lectura sostenida silenciosa (LSS).

- Al leer en voz alta unos 15 minutos al día, los niños tienden a convertirse en lectores vitalicios.

- Cuando lees en voz alta a tus hijos, ganan conocimiento general y mejoran su vocabulario.

- El nivel de audición de tu niño no es igual a su nivel de lectura.

- Es importante leer en voz alta a tus niños individualmente, puesto que los intereses y niveles de madurez pueden variar.

- Tus niños se beneficiarán con la lectura en voz alta desde que son bebés hasta la adolescencia.

- Para ayudar a que tus niños se conviertan en lectores, puedes tener una canasta de libros ubicada en un sitio adecuado; también cómprales una lámpara de buró.

- Muchos más chicos que chicas terminan en cursos de lectura correctiva; los padres juegan un papel preponderante al alentar la lectura si ellos mismos leen por placer y si leen en voz alta a sus niños.

- Existen estudios que demuestran el beneficio de la lectura recreativa o "light" de comics y otros libros ligeros

—Elizabeth Kennedy, educadora y periodista

Leamos:

"Los niños, a fin de cuentas, aprenden a amar los libros porque comparten [leen] con alguien a quien aman", dice el profesor Barry Zuckerman, del Departamento de Pediatría de la Escuela de Medicina de la Universidad de Boston. Él condujo un estudio sobre los beneficios de leer a los niños pequeños. "Uno imagina que, si alguien llegara con un aparato que estimulara todos los aspectos del desarrollo de un niño de dos años, todos querrían comprarlo." La lectura hace eso y más, concluye Zuckerman.

Leer da a los niños acceso a la eficacia en la vida. Leer también enseña a concentrarse y poner atención de una manera que es muy distinta al deslumbramiento de la televisión. La investigación muestra que leer a los niños estimula el lenguaje y el desarrollo social, lo que les brinda grandes ventajas cuando entran a la escuela. Los niños a los que se les lee tienen un vocabulario mucho mayor, lo cual es una de las grandes ventajas cuando se trata de predecir el éxito académico.

Me acuerdo de una época en que vivía en St. Louis, cerca de Forest Park. Era común caminar por las mañanas hasta la St. Louis Bread Company para conseguir café y pan dulce. En varias ocasiones vi a un padre que le leía a su niño de diez años usando el *Wall Street Journal*. Tuve la oportunidad de sentarme junto a ellos y preguntarles qué leían. ¿Por qué el *Wall Street Journal*? Por muchas razones, me dijo el papá. Se trataba de algo que hacían juntos antes de ir a la escuela y al trabajo. Al padre le parecía importante que su hijo leyera a un nivel un poco por encima de su capacidad de comprensión. Quería crear situaciones en que hubiera necesidad de hacer una pausa para explicar el significado de las palabras. Quería que su hijo aprendiera que las palabras tienen distintos significados dependiendo del contexto en que se utilizan. Y quería exponer a su hijo a tan buena parte del mundo como le fuera posible, incluso si esto no se lograba por medio de la experiencia directa. Salí de ahí pensando en la lectura de un modo muy distinto, superando por mucho la noción de que se trata de algo que se hace solamente con los niños pequeños.

Una ventana al mundo

Es importante que un niño aprenda a estar interesado en la gente, a sentir curiosidad por el mundo y a sentirse cómodo en cualquier sitio. Si Cindy y yo pudiéramos llevar a nuestros nietos alrededor del mundo, o incluso de paseo por los Estados Unidos, lo haríamos. Si pudiéramos interesarlos en música, danza, ópera, arte, museos, actividades al aire libre, lo haríamos. Lo que sí podemos hacer es darles acceso a todas estas cosas por medio de los libros.

Leer expone a la riqueza del mundo. La mayor parte de la gente no tiene tiempo, recursos o inclinación para viajar por el mundo con sus niños. Pero todos podemos dar acceso a los libros, por medio de los cuales expandimos los horizontes al leer sobre diversos lugares, personas e ideas.

Me encantaría que a mis nietos les emocionara todo lo que hay que aprender del mundo y de la gente que vive en él, y la lectura es una manera de lograrlo. Cuando Cindy y yo viajamos, nos gusta enviar postales a los nietos. En parte lo hacemos porque a los niños les encanta recibir correspondencia, pero también pensamos que cada postal expande su visión del mundo y les brinda un sitio que eventualmente pueden visitar. Esto fue confirmado de manera muy agradable cuando Trey, de seis años, dijo que estaba ansioso por retirarse para viajar. Como dijo el doctor Seuss: "¡Oh, los lugares que visitará!"

Todos tienen una historia que contar

Otro gran beneficio de la lectura es que nos presenta, por medio de las páginas de los libros, a gente de una enorme diversidad. Cuando lees con tus niños, tienes la maravillosa oportunidad de ir más allá de las meras presentaciones para ahondar en las características del personaje que los conmueve, o qué historias les impresionaron más. También puedes preguntarles qué harían en una situación semejante. Es una buena manera de introducir la idea del valor de la gente, como dice Winnieh Pooh: "En realidad todo mundo está bien."

Es fácil juzgar a la gente con base en la apariencia o en lo que otros dicen de ellos. Los niños pueden crecer y juzgar a la ligera a otros, asustados por los extraños o también pueden sentirse simplemente incómodos al conocer gente nueva. Por lo regular, la diferencia radica en llegar a conocer a la otra persona, enterarnos de su historia. Abraham Lincoln llevó esa idea más allá cuando dijo: "No me gusta ese hombre. Tendré que conocerlo."

Hay muchas maneras de expresar la idea de que la gente importa, de que vale la pena conocerla. A mí me gusta la que expresó un participante en uno de mis programas de capacitación: "Todos tienen una historia y yo no conozco la tuya." Era su forma de recordar que debía interesarse más en los otros.

Y el mundo se hace cada vez más pequeño. Continuamente entramos en contacto con personas con antecedentes distintos, aspecto diverso y diferentes maneras de interactuar con el mundo. Al leer, nos exponemos a la forma en que otros se ven a sí mismos, a cómo sienten sus vidas y cómo piensan en el mundo que compartimos. Parte de la noción de que la gente importa significa ver el mundo de forma incluyente. Más importante todavía es ver también a la gente en la calle como personas únicas e interesantes.

Dorothy, en *El mago de Oz*, lo dijo mejor al emprender su aventura sobre el arcoíris: "Toto: ¡tengo la sensación de que ya no estamos en Kansas!"

¡Y juguemos!

Si preguntas qué es lo más importante en la vida —lo académico o el deporte—, yo opto por lo académico. Pero cuando los niños eran más pequeños y yo llegaba a casa del trabajo por la noche, lo primero que les decía era: "Vamos a lanzar la pelota de beisbol." Así que, a pesar de que pienso que lo académico es más importante, enfatizaba algo distinto.

Como sea, no quiero restar importancia al valor del juego con los niños. Uno de los aspectos más maravillosos de los deportes, la lectura y demás, es que brindan actividades que puedes realizar con tus niños por siempre. Jugar —ya sea bajo la forma de deportes, música, teatro o hasta videojuegos— brinda enormes oportunidades para aprender lecciones importantes de la vida a cualquier edad.

Uno de mis libros favoritos es *Letters to My Son*, de Kent Nerburn, quien deja en claro la importancia de tratar con el mundo demostrando respeto por los demás. Creo que este tipo de lecciones de vida pueden aprenderse, en parte, por medio de los deportes. Por ejemplo, me gusta cuando los quipos se felicitan después de un juego. El intercambio de camisetas al terminar los partidos de futbol en la Copa del Mundo me emociona. También me gusta cómo los participantes de un juego de golf estrechan sus manos terminada la competencia, o cómo celebran tras las eliminatorias de la Copa Stanley. Esto demuestra respeto por los demás, por su esfuerzo, habilidad y determinación, incluso cuando se llega a perder.

Me educaron para ganar. Mi padre no creía en dejar que los chicos ganaran, tenías que hacer las cosas. En retrospectiva, el deseo de victoria fue un elemento importante para alcanzar el éxito en mi vida. Me llevó a la práctica y a la preparación. Me hizo resistente y me enseñó a aprender de la derrota.

Cindy me enseña ahora a permitir que mis nietos ganen a veces. Es una aproximación más humana y me gusta. Estamos ante una situación que exige mantener ambas cosas en mente: tanto la victoria como las personas importan.

Si tuviera la oportunidad de hacer de nuevo todo lo referente a mis niños, pondría en la perspectiva correcta el hecho de jugar para ganar:

Tratar de ganar importa, y también importa divertirse.

Acepta la derrota con gracia y más aún la victoria.

Cuando aceptas la victoria con dignidad, revelas lo mejor de ti. Dejas que tus oponentes sepan que te importan, que los respetas. Y cuando enseñas esto a tus niños, cuando les enseñas respeto y promueves en ellos el deseo de conocer a los demás, les abres las puertas al mundo entero.

Así que piensa en el tiempo que pasas con los niños como si fuera un regalo: no importa si lees, tocas, escuchas o hablas. Esto dice a tus hijos: "Te amo. Me gusta estar contigo. Me gusta hacer cosas contigo. No hay otro lugar en que preferiría estar ahora que contigo." Y eso, también, es un regalo.

Recuerda, sólo hay un momento importante: ahora. La persona que más debe importar es siempre con la que estás.

de *The Three Questions* por Jon J. Muth

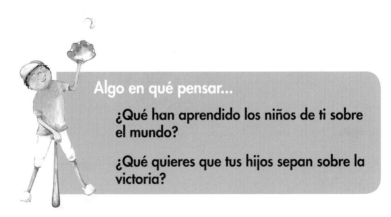

Algo en qué pensar...

¿Qué han aprendido los niños de ti sobre el mundo?

¿Qué quieres que tus hijos sepan sobre la victoria?

Una lección sobre el hecho de ganar

Por la razón que sea, gané muchas veces de niño. Gané concursos de deletreo, carreras de relevos, becas. Después de un tiempo las cosas se tornaron algo raras. Recuerdo que mi madre me dijo: "¿No crees que debes dar a los demás una oportunidad de ganar?"

Así que, cuando me tocó ser entrenador del equipo de las Olimpiadas Mentales en que participaba mi hija de quinto grado, les dejé en claro que estábamos ahí para divertirnos, aprender algo y conocer a otras personas. Una de las chicas del equipo me dijo: "Si prometemos divertirnos, aprender y conocer gente, ¿podemos ganar?" Reiteré mi deseo de que disfrutaran sin preocuparse mucho por la victoria. "Sí, ¿pero está bien si ganamos?" Miré sus caritas. Querían mi permiso para ganar. "Sí", dije. "Si quieren ganar, ganemos."

Ellas me enseñaron a concentrarme en la victoria sin sentirme avergonzado por la ambición de ganar. Demostraron trabajo duro, gracia y orgullo por lo logrado. Y aprendieron algo, se divirtieron, conocieron a otras personas y se apoyaron durante la secundaria y la preparatoria en un equipo que no dejó de ganar.

Por cierto, cuando las niñas ganaron el tercer lugar en las finales mundiales, mi madre preguntó: "¿No es tiempo de dejar que otros ganen?" Respondí: "No, mamá, se lo han ganado y lo han compartido con su escuela."

Presionar a un chico para destacar en los deportes o entrar a una escuela de prestigio o lo que sea, habla bien de un padre. Ambos extremos merecen consideración.

—Peg Herring, escritora de ciencia, Corvallis, Oregon

*Cometer errores sólo significa que estás
aprendiendo más rápido.*
—Weston H. Agor, autor estadounidense

siete

Todos cometemos errores

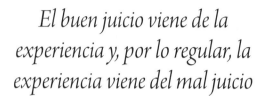

*El buen juicio viene de la
experiencia y, por lo regular, la
experiencia viene del mal juicio*

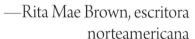

—Rita Mae Brown, escritora
norteamericana

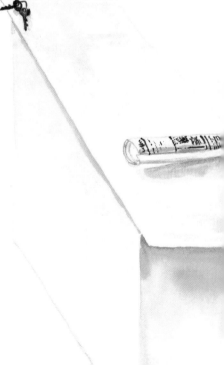

... y seguramente se presentarán los problemas.

Recuerdo que asistí a una clase de paternidad cuando mis hijos estaban en secundaria. Una de las conversaciones que no he olvidado se refirió al tema de los problemas. El grupo entero de padres puso atención cuando la encargada del taller dijo:

Los chicos buenos tienen problemas.

Los buenos padres tienen problemas con sus hijos.

La vida es una serie de problemas.

El salón entero pareció relajarse. Fue como si los padres nos libráramos de la idea de que tal vez no éramos buenos papás o de que algo estaba mal con los chicos. Vaya regalo el que nos recordaran que la vida es una serie de problemas para todos.

Si pudiera volver a criar a mis hijos, haría las cosas de modo distinto en este sentido, pues ya he aprendido que:

- Haría todo lo posible para que fuera muy fácil hablar conmigo.
- Les haría saber que los problemas son normales: la gente buena tiene muchos problemas.
- Les dejaría saber que yo también cometo errores.
- Les enseñaría la diferencia entre responsabilidad y culpa.

Ser accesible para conversar es importante, tanto para los supervisores como para los padres. Es fácil ser accesible cuando las cosas marchan bien y la conversación trata de buenas noticias. Pero cuando debemos estar atentos es cuando hay un problema. Tu reacción ante él es lo que determina si eres accesible; si no lo eres, los problemas permanecen ocultos, y no pueden resolverse.

Recuerdo cuando un amigo tuvo la oportunidad de estar con mi hija Amy y conmigo, ella tenía unos 5 años en ese momento. Pasado el encuentro, mi amigo me dijo que Amy me tenía miedo. Quedé estupefacto. Y empecé a poner atención. Noté que Amy mentía respecto a las cosas que pasaban. Al analizar esto con detenimiento, me percaté de que mentía solamente cuando yo alzaba la voz o cuando la miraba con dureza, amenazante. Cuando le preguntaba las cosas tranquilo, siempre me decía la verdad. Yo era la fuente de la mentira. Entonces comencé a pasar más tiempo con Amy. Escuché más. Empecé a relatarle historias. Trabajé duro para no espantarla.

Después, Amy, Jesse y algunos otros amigos del barrio jugaban futbol en nuestro sótano. Escuché un ruido muy fuerte y de inmediato supe que mi foto enmarcada de un gato montés había sufrido un golpe directo. Me apuré para llegar hasta la puerta del sótano con la intención de verificar que todos estuvieran bien y escuche la siguiente conversación sin que los niños lo notaran:

AMIGO: "¡Salgamos de aquí antes de que tu padre se entere!"

AMY: "No. ¡Dejemos que mi papá nos ayude a recoger esto para seguir jugando!"

Eso era exactamente lo que yo quería que pasara.

Empieza por la confianza

Mis hijas tenían trece y quince años cuando las llevé a un taller de habilidades conversacionales, con Paul Axtell, en la Universidad Estatal de Oregon. Me impresionó mucho el énfasis que puso en el tema de la confianza. Dijo: "Han venido de un lugar de confianza. Confíen en sus hijos. No los obliguen a ganarse la confianza. Partan de ésta." Cuando escuché eso, fue como si algo explotara en mi cabeza. ¡Claro! Tiene sentido. ¿Qué gano posponiendo la confianza?

Nosotros no teníamos reglas en la casa. Teníamos expectativas y dejábamos bien claro que se basaban en la confianza, no en su falta. Dijimos explícitamente que confiábamos en que nuestras hijas hicieran lo correcto —cumplir con la tarea, llegar a casa a una hora razonable, mantener sus cuartos aseados—, y normalmente lo hacían. No siempre, por supuesto. Cometían errores. Hacían cosas estúpidas, pero cuando eso sucedía hablábamos del incidente específico, sin mencionar que tenían que empezar a ganarse nuestra confianza de nuevo. Venimos de "un lugar de confianza". Y creo que esto hizo una gran diferencia.

—Alice Sperling, Centro para la Enseñanza y el
Aprendizaje de la Excelencia, Colegio de la Comunidad
Linn-Benton, Oregon

Sólo utiliza la palabra "confianza" en su sentido positivo

Ciertas palabras tienen más impacto que otras, más capacidad para hacer daño. Una de esas palabras dolorosas cuando se usa en sentido negativo, es "confianza". Comprendo que a veces estamos de malas, tratando de que se hagan las cosas, de modo que se usa lenguaje dramático como: "No se puede confiar en ti." Es mucho mejor ser específico sobre lo sucedido y sobre lo que deseas que pase en el futuro.

No me parece que digas que harás algo y termines por no hacerlo.

Necesito que respondas a mis mensajes de texto para estar seguro de que los recibiste.

"Confianza" es una expresión muy general y, si quieres usarla con tus hijos, ésta es la mejor manera: "Confío en ti plenamente. Todos cometemos errores, pero siempre confiaré en ti."

Yo también cometo errores.

Otra faceta de ser accesible con los niños cuando surgen problemas, es estar dispuesto a asumir tu vulnerabilidad: reconocer que no tienes todas las respuestas, que cometes errores y estás seguro de trabajar para lidiar con varios aspectos de la vida. Por ejemplo, recuerdo una ocasión en la que llegué a casa del trabajo y le dije a Amy que había mentido a mi jefe.

"¿En serio? ¿Qué le dijiste?", preguntó.

"Bueno, resulta que, en una junta, Bill me preguntó cómo iba con el proyecto y le dije que casi había terminado, cuando la verdad es que ni siquiera lo he empezado."

"¿Por qué lo hiciste?"

"No sé. Se me salió."

"¿Y qué pasó?"

"Pues mi jefe no me volvió a decir nada durante la junta; luego fui a su oficina y le confesé que ni siquiera había comenzado. Dijo que ya lo sabía. Éste es un buen punto sobre las mentiras: casi nunca funcionan."

Parte de este momento de aprendizaje tuvo que ver con asumir la responsabilidad. Me gusta la noción de decir a los niños que las cosas malas pasan —se cometerán errores, se romperán cosas— y que es importante ser honesto y reconocer las cosas cuando suceden. Como ya dije, procuro decir a mis hijos que no tendrán problemas por lo que hayan hecho, pero me sentiré desilusionado si no me cuentan las cosas. No estoy seguro de que me hayan hecho caso siempre, pero al decirlo me recordaba a mí mismo cómo deseaba reaccionar en el momento en que surgiera un problema.

El mensaje importante al contar a Amy lo sucedido con la mentira dicha a mi jefe, fue la aceptación de que todos cometemos errores, hasta los papás. Cuando los niños son pequeños, nos miran con reverencia. Piensan que somos casi perfectos. (¡Sé que esto no dura!) Quieren ser como nosotros y les preocupa qué pensamos de ellos cuando cometen errores. Temen que esperemos su perfección.

Pienso que el reto de crecer sería más sencillo si los niños supieran que la gente buena a veces comete errores, algunos inaceptables. Esto no quiere decir que no tengan la libertad de ser malos; sólo asegura que no traten de enmendar un error culpándose por no ser perfectos o por no satisfacer tus expectativas, o por creer que estarás desilusionado de ellos y ya no los querrás igual.

Los errores son la mejor oportunidad para aprender

Para los niños, es esencial cometer errores, así aprenden. Y, como padres, nuestro trabajo consiste en permitir que luchen y cometan errores para aprender de ellos, no ponernos a arreglar sus cosas de inmediato o dar respuestas instantáneas.

Mi nieto Adam me enseñó a aprender de los errores. Tenía cuatro o cinco años cuando practicábamos con el videojuego de "Mario Bros". Lo estaba haciendo mejor que yo y le pregunté cómo había llegado a ser tan bueno. Él respondió: "Hago que Mario muera tan pronto como sea posible porque cada vez que muere aprendo algo nuevo." En ese momento me di cuenta de que yo era cuidadoso y hacía todo lo posible para mantener a Mario con vida. Restringía mi propio aprendizaje por evitar errores.

Esta noción del aprendizaje por medio del fracaso es importante, especialmente en estos días en que la presión por tener éxito comienza muy pronto. Cuando los niños aprenden algo nuevo, les toma tiempo y práctica —y errores y fracasos— antes de ser buenos en algo. Y lo que decimos en esos momentos sobre el fracaso es de crítica importancia.

Observaba a un grupo de niños de doce a trece años jugando futbol americano. Como yo fotografiaba a mi nieto Adam, cambiaba constantemente de posición en la cancha. Como resultado, escuché al paso lo que ambos entrenadores comentaban a los jugadores. Un equipo de entrenamiento no paraba de hacer notar a los jugadores cosas a las que debían poner atención en la siguiente jugada: "Baja más que el liniero que está frente a ti." El otro grupo de entrenamiento, quizá por saber menos de futbol, sólo trataba de motivar a sus jugadores con frases como: "¡Buena jugada!" o "¡Sé agresivo!" Aunque los comentarios de estos entrenadores eran menos útiles, no creo que fueran dañinos. Luego escuché que alguien decía a los jugadores que estaban perdiendo porque eran cobardes. Ahí estaba un padre o entrenador diciendo algo que no sólo no ayudaba, sino que de plano era dañino.

Hay cuatro cosas en las que debemos concentrarnos en este caso:

- 1, necesitas crear un patrón en tu relación que demuestre a tus hijos que es seguro comentarte sus problemas y errores; no sólo es darles permiso de expresarse, sino de reaccionar de manera positiva, sin criticar, controlar o espantar.

- 2, cuando tus niños experimenten el fracaso o cometan un error, diles que es algo normal. Responde de modo que sientan seguridad al acudir a ti por ayuda cuando la necesiten. Encuentra formas de enseñar a tus hijos el vínculo entre aprendizaje y errores.

- 3, muéstrales cómo asumir la responsabilidad de sus actos o errores de juicio sin regañar ni culpar.

- 4, asumir la responsabilidad por tus errores demuestra que un error no es el fin del mundo: siempre se puede trabajar para lograr algo mejor la siguiente ocasión.

He fallado unos 9 mil tiros libres en mi carrera. He perdido casi 300 partidos. Veintiséis veces se me confió el tiro libre que podía salvar el juego y fallé. He fallado una y otra y otra vez en mi vida. Y sólo por eso tuve éxito.
—Michael Jordan, superestrella del basquetbol

En mis programas de capacitación, suelo recordar a la gente que tendrán problemas y la estrategia correcta es ponerlos sobre la mesa para discutir lo que se hará, tanto en el plano inmediato como a largo plazo. Pide a la gente que aporte soluciones o ideas y sigue interviniendo en la conversación hasta que se pongan de acuerdo sobre una respuesta apropiada.

"Houston, tenemos un problema." Me encanta esta línea de la película *Apollo*. ¡Si pudiéramos disponer de una versión familiar para esta frase! A Cindy le gusta recordarme que, en ocasiones, amar no es suficiente para vivir con alguien. Creo que es su forma de decir: "Paul, tenemos un problema." Su tono de voz es siempre calmo y positivo, pero también me queda claro que debemos hablar de algo.

Parte de ser un gran miembro del equipo o de la familia consiste en ser capaz de reconocer un problema sin culpar o hacer sentir mal a nadie. En parte, es el tono de voz; pero importa más la intención de apoyar y encontrar una forma de hacer que todo funcione para todos. Espero que tú y tus hijos encuentren su propia versión de "Houston, tenemos un problema", expresión que facilita comunicar nuestras preocupaciones.

Cuando corrijas a un niño,
la meta es proyectar luz, no calor.
Woodrow Wilson, ex presidente de Estados Unidos

Adolescentes: si por casualidad leen esto...

Como padre, si pudiera pedir un par de cosas, esto pediría:

- **No sean duros con nosotros.** Sabemos que cometemos errores. Sabemos que decimos cosas equivocadas. Creemos saber qué se siente estar en tu situación, pero la verdad no tenemos idea. Nos importas mucho, aunque a veces no demos señales que te lo hagan saber. Por lo regular pensamos en lo que más te conviene, aunque a veces no es fácil que te des cuenta.

- **Permitámonos empezar de nuevo.** Queremos cambiar, pero suele ser difícil modificar los patrones del pasado. Si ves que lo intentamos, danos el beneficio de la duda. Puede que nunca logremos hacerlo a la perfección y quizá nos tome tiempo, pero con tu apoyo alcanzaremos la meta.

En su momento, buscaremos más oportunidades para darte un respiro y comenzar de nuevo. ¡También tú puedes empezar a decirnos cuándo necesitas un respiro!

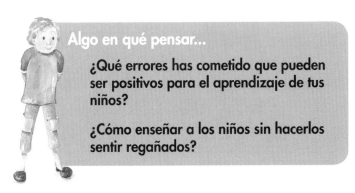

Algo en qué pensar...

¿Qué errores has cometido que pueden ser positivos para el aprendizaje de tus niños?

¿Cómo enseñar a los niños sin hacerlos sentir regañados?

*Una disculpa es como
el superpegamento de la vida.
Puede reparar casi todo*
—Lynn Johnston, creador de la
tira cómica *For Better or For Worse*

ocho

Lo siento

El verdadero arte de la conversación no consiste sólo en decir lo correcto en el lugar correcto, sino en callar lo incorrecto en el instante más tentador.

—Lady Dorothy Nevill, escritora inglesa

Puedes aprender a decir "Lo siento".

Jesse y Amy jugaron cuando eran más chicos. Verlos practicar fue maravilloso para mí. Ese momento era como un santuario en el que me podía relajar a solas, sin dejar de estar cerca de los dos niños que adoro.

Recuerdo pasar incontables horas en el Centro Tenístico Sunset, en Saint Louis, sentado y observando. Sin embargo, ocasionalmente me molestaba su desempeño o falta de esfuerzo. Y si me respondían simplemente "no" cuando les pedía una explicación, solía decir cosas de las que me arrepentía inmediatamente. Estoy seguro de haber usado las siguientes frases en uno u otro momento:

¿Crees que estamos gastando todo este dinero en clases para que...?

Si no empiezas a trabajar más duro, no habrá más tenis.

Tú me entiendes.

En principio, nunca me disculpaba. Mi mente me decía que ellos sabrían bien que no era mi intención herir.

Entonces comencé a decir "lo siento" uno o dos días más tarde.

Luego lo hice una hora después.

Posteriormente me disculpaba de inmediato.

Entonces logré contener el impulso de decir cosas hirientes.

Algunas estrategias probadas te pueden ayudar a no decir cosas por las que después deberás disculparte: camina alrededor de la manzana. Cuenta hasta diez. Por lo regular, cuando reaccionas de inmediato a las cosas que pasan en la vida, no eres tan efectivo. Si esperas hasta hablar con intención y no únicamente por reacción, sin pensar, tu respuesta te dejará más satisfecho.

Un poco de tiempo te puede llevar a una nueva perspectiva

A veces, cuando enseño, enfrento a estudiantes que me critican y critican la capacitación que ofrezco. Cuando suceden este tipo de intercambios, me esfuerzo por no reaccionar en el momento, pues no quiero decir algo que lamentaré más tarde.

Este recurso me ha sido útil en todos los aspectos de la vida: en el campo de golf cuando alguien me ofrece un consejo no solicitado; en las juntas, cuando alguien expresa opiniones que no se basan en hechos, o en cualquier situación en la que escuche algo negativo. Si hago una pausa, suelo encontrar una alternativa que me permite responder eficientemente. Por ejemplo, cuando se me critica en público, me he entrenado para responder: "Gracias. Aprecio que me lo diga." Esto reconoce que escuché los comentarios sin ofrecer ninguna explicación que pudiera tomarse como actitud defensiva. He descubierto que, al no resistirse a lo que se dice, esto pierde poder y hasta desaparece.

Cuando son pequeños, tu tono es el importante

¡Espero que algún día tengas una hija igualita a ti!

No estoy seguro de cuándo dije esto a Amy. Tal vez tendría cuatro o cinco años. Probablemente no entendió el sentido de la frase. No lo necesitaba. Sabía por el tono de mi voz que no estaba contento con ella. Y probablemente se retiró a su cuarto con un montón de ideas en la cabeza

> *Papá está enojado.*
>
> *Papá no me quiere.*
>
> *Papá prefiere a Jesse.*
>
> *Estoy en problemas.*
>
> *No soy una buena persona*

Si hubiera estado en contacto con los pensamientos que la acompañaron a su cuarto, seguro habría hecho las cosas de modo distinto. Por lo menos, me hubiera disculpado.

¿Puedo retirar lo dicho?

Claro que sí. Todos decimos cosas por mera frustración. Es mejor si no lo hacemos, pero lo hacemos. La verdadera cuestión es si lo que dices conforma un patrón. Si dices algo a tus niños regularmente, no puedes desdecirte porque no te creerán. Puede que más bien termines por crear un segundo problema: no pueden estar seguros de que dices lo que piensas.

¿Por qué decimos estas cosas?

No soy psiquiatra, así que no lo sé. Pero puedo darte algunas pistas que debes tomar en cuenta y, al hacerlo, elevar tu nivel de atención:

- *No estamos al tanto de las consecuencias o del impacto de nuestras palabras.* En el corto plazo, cuando los niños son pequeños, parecería que no hay consecuencias: se recuperan fácilmente u olvidan las cosas en el momento en que otro asunto capta su atención. Cuando son mayores, puedes darte cuenta de que lo dicho afecta la comunicación, al menos por un tiempo y quizá por mucho tiempo más.

- *A veces olvidamos pensar en la gente que amamos.* En consecuencia, como sucede con todas las cosas que damos por sentadas, no concedemos gran importancia a lo que decimos a nuestros niños.

- *Simplemente seguimos los patrones con que fuimos criados.* Bien, pero no tenemos por qué hacerlo. Aunque hayamos visto esta conducta en la gente que nos crió, podemos hacer las cosas de modo distinto.

A fin de cuentas, no importa en realidad por qué decimos estas cosas. Lo único importante es darnos cuenta de que las decimos y cambiar de actitud. El pionero de la psicología, William James, dijo alguna ocasión que puedes detener cualquier conducta una vez que la mente decide hacerlo. Esto me gusta porque implica que hay esperanza y podemos elegir quién ser como padre: puedes crear la relación que quieras con tus hijos.

Algo en qué pensar...

Ten en mente que todos están un poco asustados y son muy orgullosos. Sé gentil.

¿Hay alguna conducta reciente por la que debas disculparte?

Recuerda que todos, todos tropezamos.
Es por eso que nos reconforta tanto
tomarnos de la mano..
—Emily Kimbrough, autora y periodista

Sus preguntas fueron muy buenas y, si tratabas de responderlas con inteligencia, te descubrías diciendo cosas excelentes que ignorabas y que, de hecho, no conocías. Las había inculcado en ti por medio de sus preguntas. Sus clases eran, literalmente, "educación": extraía cosas de ti, hacía que tu mente produjera sus propias ideas explícitas... los resultados podían ser bastante inesperados...

—Thomas Merton, *The Seven Storey Mountain*

nueve

¿Qué piensas?

Existen dos legados que podemos dar a nuestros niños. Uno son las raíces. El otro, las alas.

Hodding Carter Jr.,
ganador del Premio Pulitzer de periodismo

Crear resiliencia.

Hace mucho tiempo, tuve el placer de realizar un taller para padres e hijos con Cathy Pinter, psicóloga y mujer maravillosa, que trabajaba con adolescentes en agencias de servicios sociales de Saint Louis.

Cathy identificaba cinco cosas que permiten a los adolescentes ser flexibles y resistentes en un mundo en que, a veces, es difícil navegar.

Necesitan saber lo siguiente:

- Son amados.
- Tienen opciones.
- Tienen influencia en el ámbito familiar.
- Añaden valor a la familia.
- Se les incluye en las conversaciones familiares.

El primer punto se discutió en el capítulo uno. Hay muchas maneras de comunicar a tus niños que los amas, verbal y no verbalmente. Pasar tiempo con ellos es un regalo. Los abrazos funcionan, siempre y cuando no los avergüences frente a los amigos. Poner atención a lo que te dicen es de gran importancia. Este capítulo está dedicado a las otras cosas que los niños requieren para desarrollar resiliencia: deben tener opciones e influencia, saber que su aportación es valorada y son parte esencial de la familia.

La pregunta que hace posible todo esto es: ¿Qué piensas? Cuando pides a otros sus ideas, pensamientos y opiniones con sinceridad, no sólo estás honrando su persona, también sus ideas. Debes incorporar estas prácticas a tus conversaciones familiares lo más temprano posible, cuando los niños son pequeños y están dispuestos a expresarse. Haz que esta práctica se convierta en parte integrante de tus interacciones, y estará bien asentada en la adolescencia, años que suelen ser críticos.

La frase de Merton me recuerda cómo quiero conducir mis clases y cómo me gusta a veces que sean las conversaciones en casa. Me gusta emprender pláticas sin tener una respuesta correcta, permitiendo que la sabiduría de la familia salga a la luz. Cuando estoy consciente de esto, suele reflejarse en lo que resulta de nuestras conversaciones.

Al solicitar sinceramente las ideas de otra persona, logramos cosas maravillosas:

- Se reduce la tendencia a dominar o controlar a la otra persona.

- Cambia el tono de tu voz, lo cual es una señal para la otra persona de que en realidad quieres su aportación.

- Da a la otra persona la oportunidad de influir en tu pensamiento, lo que es un verdadero regalo para ustedes dos.

Estableciendo el elemento de la elección

Ésta es una de las ideas más difíciles de llevar a la práctica. En principio, puedes dar a tus niños dos opciones para elegir. Me gusta este sistema. Así los niños pequeños comienzan a entender que en la vida hay opciones. Aun así, es fácil apartarse de dicho camino por carecer de tiempo o por creer que sólo hay una opción.

Los chicos se sienten mejor cuando pueden elegir en su vida. Así que, siempre y cuando la opción que contemplen funcione, puedes apoyar su elección, incluso cuando crees tener una mejor opción en mente.

Tomemos como ejemplo la noción de las mejores condiciones de estudio. Doy por hecho que conoces cuáles son las mejores condiciones de estudio para tus hijos. De ser así, ¿qué importancia tienen? Lo que sugiero es que puede que se trate de una batalla que no debes emprender con tus adolescentes. Sé claro respecto a tus expectativas en el desempeño escolar y déjales espacio para que decidan cuándo y cómo estudiar. Confía en que pueden arreglárselas solos. Si piden ayuda o si el desempeño escolar no refleja lo que son capaces de rendir, puedes volver a sostener la conversación.

Pedir lo que deseas. Un par de veces al año, me encuentro con algún padre que dice a un niño triste: Dime qué deseas." Pienso que ésta es una práctica maravillosa. Ayuda a que el padre descubra qué quiere el niño o qué le molesta. Enseña algo esencial: pedir lo que quieres.

La mayoría de nosotros no pedimos.

- ◼ Damos pistas.
- ◼ Esperamos el momento justo.
- ◼ Somos cuidadosos o indirectos.

Me tomó dos años darme cuenta cómo obtener una lata de refresco completa en un avión: cuando me sentaba con el vaso repleto de hielo y un poco de refresco, una mujer que estaba a mi lado pidió una lata completa, un vaso con agua y galletas. ¡Le dieron todo lo que pidió!

Tu familia funcionará mejor si todos son alentados a pedir lo que quieren. Punto. Eso no significa que siempre lo obtendrán, pero al menos se tiene claridad cuando la gente pide.

Por otra parte, si se quiere tener una familia que trabaje unida, se deben escuchar esas pistas o comentarios indirectos. Escucha lo que dice tu familia como si se tratara de una petición directa. Cuando Cindy pasa por mi escritorio y menciona que se fundió el foco del cuarto de lavado, lo interpreto como: "Paul, ¿podrías cambiar el foco de la lavandería?"

Atender las quejas. Esto es algo en lo que trabajo todo el tiempo, tanto con los gerentes como con los empleados, pero el concepto es igual en casa. En ocasiones, la vida deja de funcionar para cualquiera de nosotros. Nos quejamos de lo que sucede en el trabajo o con otros miembros de la familia. En este caso, la idea clave es que detrás de cada queja hay una petición. Yo aconsejo a los gerentes que escuchen a la gente y les pregunten qué quieren: ¿cuál es la petición que conforma la esencia del asunto por el que se quejan?

Lo mismo sucede con tus niños. Si pueden plantear una preocupación o queja, busca la manera de solucionar el asunto. Escuchar y atender las quejas es parte de tener una gran organización, o una familia funcional. Cuando la gente sabe que puede quejarse y ser escuchada, la relación cambia para bien.

Al igual que sucede cuando eres capaz de pedir lo que quieres en este mundo, el manejo de las quejas constituye una habilidad muy valiosa en la vida. Ayudar a que tus hijos desarrollen estas habilidades es maravilloso. Si aprenden esta estrategia básica de expresar sus preocupaciones y pedir lo que las resolvería, habrán aprendido un aspecto muy importante del trato con la vida. Dar claves, esperar o quejarse no son estrategias eficientes. Hablar directamente y pedir lo que se quiere, es una estrategia poderosa.

Tener influencia en la familia

Además de enseñar a tus niños a pedir lo que quieren y a quejarse de manera efectiva, enséñales a tener influencia en la familia cuando uses prácticas conversacionales como las siguientes:

■ Pide su aportación respecto a la cena, las películas, las vacaciones y demás.

■ Escucha a fondo cuando sugieran cosas y luego actúa en consecuencia o, cuando no vayan a actuar en consecuencia, déjales saber por qué.

■ Hazles saber que cambiaste de forma de pensar por lo que dijeron o preguntaron.

■ Deja que tomen la decisión sobre algo que les importe.

■ Involúcralos desde temprano en el proceso de tomar decisiones clave para la familia o de participar en la planeación

Pide ayuda

Hay otro aspecto sobre la idea de permitir que tus hijos aporten que va más allá de las responsabilidades: me refiero al sencillo recurso de pedir su ayuda.

Yo veo las obligaciones como tareas asignadas que se espera cumpla tu hijo. Veo el pedir ayuda como una petición específica que el niño puede declinar y, de hacerlo, sería aceptable para ti. No se trata de una expectativa. Es sólo pedir ayuda.

Tengo trabajo que hacer en el patio. ¿Te importaría echarme una mano por unos veinte minutos?

Necesito hacer varias cosas. ¿Me acompañas?

En esta semana quiero limpiar la cochera. ¿Estarías dispuesto a ayudarme por un par de horas? Tú escoge la hora que más te convenga, por mí no hay problema.

Tal vez debas recordarles que pueden negarse y, si lo hacen, debes agradecerles tanto por considerar tu petición como por ser veraces en el sentido de que no quieren ayudar en ese momento.

A veces damos señales de necesitar ayuda o pensamos que otros miembros de la familia deben notar nuestra necesidad y ofrecer su ayuda espontáneamente. Si no captan la señal, nos sentimos desilusionados y hasta tristes. Es mejor preguntar directamente, ¿no crees?

Agregar valor a la familia

Si fuiste criado en una granja, sabes que añades valor porque estás encargado de actividades que son importantes para el éxito de la granja. A veces, los chicos de la ciudad no tienen tareas asignadas, o éstas parecen no ser significativas. Al darles tareas que importan quizá deban aplicar su creatividad. Mi hija, Amy, era la encargada de llevar el saldo de la chequera y pagó las cuentas durante un año cuando tenía ocho años de edad. La mayoría de las cuentas fueron pagadas el mismo día que llegaron a la casa. Todo salió bien, excepto por el hecho de que Amy se enteró de cuánto ganaba y me cuestionó que sólo le diera cinco dólares de domingo.

Si quieres que los niños mantengan los pies en la tierra,
debes poner alguna responsabilidad sobre sus hombros.
—Abigail Van Buren, columnista consejera

A veces subestimamos lo que un niño o niña de ocho años puede hacer. En algunos lugares del mundo, estos niños ayudan a criar a sus hermanos o buscan qué comer para la familia. Los niños crecen rápido. Saben que añaden valor a la familia cuando te sientas a discutir con ellos en qué pueden contribuir.

También en este caso es mejor comenzar temprano. Mis nietos siempre ofrecen su ayuda o esperan que se les pida. El asunto es: ¿Voy a detenerme para invertir el tiempo extra necesario para que ellos me ayuden?

Normalmente es más fácil y rápido hacer las cosas sin ayuda de los niños, pero piensa en el largo plazo. Tal vez no se trate solamente de este momento y actividad, sino de un proceso de aprendizaje y contribución que puede durar toda la vida.

Participar en las conversaciones familiares

Casi no se incluye a los empleados en las conversaciones laborales. A veces los gerentes no quieren abrumarlos con preocupaciones. O esperan a que todo termine antes de hablar con sus compañeros, lo cual no deja espacio para contribuir. O se trata de una conversación difícil que prefieren evitar. Cualquiera que sea la razón, no están sosteniendo conversaciones necesarias. Lo mismo pasa en las familias.

Protegemos a nuestros niños de las preocupaciones, así que no les comentamos cuánto nos preocupan ciertos problemas que estamos enfrentando. Reconsidera esa postura. Los niños, al igual que los empleados, preferirían ser incluidos en dichas conversaciones, y bien pueden tolerar la incertidumbre resultante si tienen la oportunidad de discutir los problemas. La vida suele consistir en una serie de dificultades. Mejor que lo aprendan de ti, de paso aprenderán a tratar los problemas. Hablar con calma sobre situaciones que se presentan hace que tu niño se sienta un miembro pleno de la familia. Así que, en vez de decir: "No te preocupes por eso", considera decir: "Tienes razón. Me preocupa un poco eso y me pregunto cuál será la mejor manera de enfrentar el problema. Me gustaría discutir esto contigo. ¿Estarías dispuesto a escuchar lo que tengo que decir sobre el asunto?"

Es importante empezar a practicar la conversación familiar lo más pronto posible. Muchos padres la incluyen como parte de la cena. A nosotros nos gusta mucho contar los altibajos del día, cada miembro de la familia comparte la mejor parte de su día y la peor. Todos escuchan y ponen atención. En otras palabras, al menos durante una parte de la cena, sólo una persona está hablando mientras los demás escuchan.

Si comienzas a hacer este tipo de cosas cuando tus hijos son jóvenes, poco a poco se convierte en una tradición familiar conversacional y todo mundo hablará cuando se le solicita. Conforme crecen los niños, los temas se van haciendo más profundos y amplios. He aquí algunas preguntas que pueden ayudarte a iniciar buenas conversaciones familiares

¿Qué ha pasado en la escuela (o en el trabajo)? ¿En qué estás trabajando?

¿Qué piensas hacer esta semana? ¿Este mes? ¿Este año?

¿De qué estás orgulloso?

¿Qué te preocupa o te causa ansiedad?

¿Cuál es tu recuerdo, juguete o experiencia favorita?

Háblanos de algún momento en que hayas sentido miedo siendo niño.

¿Cómo sería el verano ideal para ti?

¿Qué me puedes decir de ti mismo para comprenderte mejor?

¿Qué sueños tienes? ¿Qué te impide hacer que tus sueños se conviertan en realidad?

¿Qué te gustaría aprender o intentar algún día?

¿Cómo te gustaría contribuir a la familia?

¿Qué es lo que en verdad aprecias de los demás miembros de la familia?

Hay muchas maneras de encontrar temas o preguntas que pueden enriquecer la conversación familiar. Una empresa llamada Table Topics ha creado un juego de cartas con afirmaciones que pueden alentar la discusión (hay cartas dedicadas a los temas familiares y otras para los niños). Una serie de libros llamada *If... (preguntas para el juego de la vida)*, por Evelyn McFarlane y James Saywell también ofrece muy buenos temas para iniciar la conversación.

Considera el recurso de rotar la responsabilidad de elegir el tema de conversación para cada día. ¡Los niños disfrutarán con esto!

A veces somos amigos

Como padre, puede ser muy grato cuando uno de tus niños se hace mejor que tú en algo. En ese momento, la relación cambia en términos de quién es el maestro y quién toma las decisiones. En el caso de mis hijos, recuerdo que Jesse se hizo mucho mejor pescador que yo y también recuerdo que Amy descubrió tener ojo para el arte y la arquitectura. Se trata de algo más que el tema; se trata de que los roles han cambiado y tú ya no eres la persona que enseña en la relación. Se siente más como una sociedad. Es como una amistad.

Busca ese momento o actividades lo más pronto posible; puedes estar seguro de que si buscas, encuentras. Especialmente en el rubro de las computadoras y el internet, los niños pueden superar tu nivel de competencia muy pronto. ¡Pide a tus hijos que te enseñen a jugar *Angry Birds* y mira cómo sus caritas se iluminan!

En este libro sólo miraremos la punta del iceberg en relación con el tema de criar niños flexibles y resistentes. No olvidemos que buscar oportunidades para hacer la pregunta "¿Qué piensas?" es una sencilla y poderosa manera de comenzar.

Algo en qué pensar...

¿Qué preocupaciones podrías compartir con tus hijos?

¿Quién apreciaría que se le pidiera unirse a la conversación?

Para decir sí, debes sudar y recogerte las mangas de la camisa y meter ambas manos hasta los codos en la vida. Es fácil decir "no".

—Jean Anouilh, dramaturgo francés

diez

Sí

*Los niños tienen más necesidad de modelos
que de críticos.*

—Carolyn Coats, autora

Es muy fácil decir que no.

Recuerdas la lista original de las cosas (casi siempre negativas) en la que se afirmaba que la palabra que más escuchan los niños de sus padres es "no"? Hoy en día, releo esa lista en mis sesiones de capacitación y al día siguiente, pido a los padres que me hablen de qué notaron en la conversación con sus hijos la noche anterior.

Una observación muy sencilla y destacada provino de una mujer que tiene tres hijos de doce, diez y seis años.

Anoche procuré evitar decir "no" a mis hijos. De hecho, dije "no" tres veces durante la primera media hora después de llegar a casa. Así que empecé a pensar en qué estaban pidiendo mis niños y cómo podría responder de una manera distinta a la simple negación. De modo sorprendente, me di cuenta de que, dependiendo de la conversación, tenía opciones al "no" de siempre. Respondí cosas como:

Sí, podemos ir al centro comercial, si logramos ponernos de acuerdo en una hora que a todos convenga.

Sí, leeré con ustedes, si pueden esperarme hasta que terminemos de cenar.

Sí, quiero jugar contigo cuando termines la tarea.

Así que aquí tenemos a una mamá que se sorprendió usando el "no" en automático y, al ser consciente de ello, eligió responder de forma distinta.

Yo uso esta lista para estar al tanto de ciertos puntos relativos a la conversación:

- A veces, ciertas conversaciones dominan una relación.

- Es constructivo fijarte en lo que dices.

- Necesitas estar al tanto de la tendencia que tenemos a hacer de la respuesta "no" la más frecuente en nuestras interacciones.

No querrás que las conversaciones negativas dominen o conformen el patrón de tus relaciones en el trabajo, ni tampoco que resulten dominantes en la relación con tus niños, en el hogar.

Imagina por un momento que tienes diez años y que, en tu corta vida, ya sabes que al preguntar algo a tus padres, la respuesta más común será... ¿Cómo te sentirías si la respuesta más probable fuera "no"? Ahora compara cómo te sentirías si la respuesta más probable fuera "sí".

El "no" como respuesta, suele pesar mucho. Como seres humanos, estamos diseñados para tomar las cosas de manera personal y, cuando se nos dice "no" podemos sentirnos rechazados; es como si te dijeran "no" como persona y no solamente como respuesta a lo que preguntaste o pediste.

¿Cómo describirían tus niños tu respuesta más usual? ¿Eres de los que responden "no" casi en automático? O como alguien dijo: ¿eres un "no" ambulante? Una letanía de respuestas negativas puede tener igual cantidad de consecuencias negativas para tu relación. En contraste, si has creado en la familia un patrón de conversación positivo, afirmativo, decir "no" en ocasiones resultará aceptable.

El asunto es poner atención. Si te das cuenta de que vas a decir no, haz una pausa. Mira si puedes dar una respuesta más positiva. Juega con posibilidades como:

Mi primer impulso fue decir que no, pero hablemos del asunto y veamos en qué terminamos.

He aquí lo necesario para que yo responda sí a tu pregunta.

Tienes dos opciones... ¿Cuál prefieres?

Algunos amigos criaron a sus hijos sin decir "no". En lugar de ello, les dieron opciones. Esto es muy útil. En la vida hay opciones y elecciones: bien puedes entrenar a tus hijos desde temprano para ver la vida con esta óptica.

¿Pero qué hacer cuando la única opción es "sí" o "no"? ¿O cuando no existen opciones razonables? Estoy convencido de que, en ocasiones, el "no" es la mejor de las respuestas, pero debe ser una excepción y no el patrón de las conversaciones.

Los niños deben aprender a comportarse, así que decir "no" ante actos inaceptables es apropiado. La negativa es parte de nuestro ser en el mundo. Cuando digas que no, dilo en serio. Si piensas que es la mejor opción, explica tu razonamiento a los niños. Explicar tu respuesta no sólo demuestra respeto, también ayuda a los niños a desarrollar sus capacidades para resolver problemas y adoptar decisiones. Así que en lugar de decir "porque lo digo yo", echa a andar la conversación con frases como: "Permite

que te explique" o "He aquí por qué pienso que no es buena idea."
Entonces ofrece tus razones:

No, no puedes ir en el auto sin el cinturón de seguridad porque no es seguro. Puedes lastimarte si tengo que frenar repentinamente.

Planeo hacer unos sándwiches cuando lleguemos a casa, por eso no comeremos ahora hamburguesas.

No, no puedes quedarte a dormir en casa de Mindy porque mañana hay escuela y ya tenemos acuerdos sobre ese punto, necesitas dormir.

Si comienzas esta práctica pronto, tus niños comprenderán que cuando dices "no" es por una buena razón, no sólo porque dices no todo el tiempo. En las relaciones, nos preocupan los patrones. El "no", como patrón, es descorazonador. Mejorar la eficiencia, sea en el trabajo o en la familia, depende de la atención. Simplemente pon atención a tu uso del "no" en las conversaciones y, con ese recurso, encontrar formas de decir "sí".

Cuando digas "sí", mantén tu palabra

En la película *El capitán Garfio*, Robin Williams, en el papel de un avejentado Peter Pan, dice a su hijo: "Mi palabra es mi vínculo." Pero como padre, su récord era terrible, por lo que la respuesta del hijo fue: "¡Sí, un vínculo basura!"

Recomiendo que te fijes muy bien en las conversaciones en que aceptes o niegues hacer algo. Sé específico sobre lo que se hará y cuándo. Si lo haces, más cosas se lograrán. Tus niños se sentirán menos frustrados contigo y, si eres bueno en mantener tu palabra, podrán decir de ti:

Si mi papá dice que hará algo, es un hecho.

Algo en qué pensar...

¿Cuántas veces al día dices "no", "tal vez"
o "ya veremos"?

¿Qué "no" dicho la semana pasada podría
haber sido un "sí"?

Algunas alternativas al "no"

No por ahora, pero lo haremos cuando...

Hy que ser claro sobre cuándo estás dispuesto a hacer algo
que no quieres o no puedes hacer en el momento. Cuando
tus niños te hagan peticiones y no sientas ganas de hacerlo o
no tengas tiempo, es importante fijar un momento específico
para atender su petición. "Hagámoslo después" o "tal vez"
pueden convertirse en equivalentes del "no". Por eso, es mejor
comenzar a usar respuestas como las siguientes:

> *No esta noche, pero te prometo que comeremos pizza mañana
> por la noche o el viernes.*
>
> *No puedo ahora, ¿pero qué tal a la una?*

No, pero hablemos del asunto

Si declinas o dices "no" a lo que tus hijos piden, es importante dar una explicación o razón. Esto les da acceso a tu

pensamiento y les permite saber que no les dices no a ellos, sino a la situación.

Es bueno a cambiar tu forma de pensar si ellos encuentran el modo de subsanar el impedimento, la preocupación o razón para la negativa. Se necesita ser una persona de tamaños para estar dispuesto a discutir las propias posturas, y se necesita ser una persona aún mejor para cambiar dicha postura.

Cuando nuestra mente se ensancha por una nueva idea, jamás vuelve a sus dimensiones originales.
—Oliver Wendell Holmes, , jurista estadounidense

¿Qué sigue?

Si pudieras acceder al futuro y pensar en el tipo de relación que quieres tener con tus hijos, ¿cómo sería? ¿Incluiría hablar de cosas de interés mutuo? ¿Habría espontaneidad, apertura y confianza en las conversaciones? ¿Habría amabilidad y respeto? ¿Serán capaces de decirse cualquier cosa con seguridad?

Cuando ya tengas la idea de esa relación, regresa al presente. Puedes empezar a ser la persona que viste en esa relación futura, decir las cosas que deseas que tus hijos escuchen.

Espero que algunas de las ideas de este libro resuenen en ti, que te des cuenta de lo que dices o dejas de decir a tus niños, y ver las conversaciones con ellos desde una óptica distinta.

Entonces, conforme observes tu proceder, podrás decir cosas nuevas y tener conversaciones también nuevas.

Date la libertad de cometer errores. Comprende que algunas cosas pueden sentirse raras en principio. Puedes obtener reacciones inesperadas o no ver una diferencia notable en tu relación de inmediato. Nunca se sabe cómo funcionará una nueva forma de hacer las cosas, pero debes intentarlo.

Crea tu propia lista nueva

Las diez afirmaciones de este libro proporcionan un buen inicio para elaborar una lista que puedes modificar desde tus propios intereses, experiencias y valores. Ahora te presento otras afirmaciones que quiero que mis hijos y nietos recuerden de mí, porque creo que estas palabras resonarán fuerte en sus vidas:

Estoy orgulloso de ti.

Confío en ti.

Puedes hacerlo si te lo propones.

¿Puedes enseñarme a hacer eso?

Eres especial.

Me encanta que me cuentes de tu día.

Puedes planear nuestro día. ¿Qué quieres que hagamos juntos?

Apuesto a que te sientes orgulloso de lo que has logrado.

Trabajaste muy duro; es algo que admiro de ti.

Aprecio mucho que te fijes en los niños que podrían sentirse rechazados y los incluyas.

¡Me gusta mucho cuando sonríes!

"No sé" es una buena respuesta.

¡Qué gusto que hayamos hablado!

Comienza a redactar tu propia lista. Tómate diez minutos para ver si identificas entre cinco y siete cambios que deseas implantar en tus conversaciones o en tu relación. Luego aparta diez minutos a la semana para reflexionar en la lista y agregarle, restarle algo o mejorarla simplemente. Haz esto durante seis semanas y no sólo tendrás una lista de trabajo maravillosa, sino que te darás cuenta de qué funciona, qué no y qué falta en las conversaciones con tus hijos.

¿Cómo saber si avanzamos?

Bueno, si piensas en tu relación, es progreso estar pendiente de las conversaciones y darte cuenta de lo que dices a tus hijos. Punto.

Puedes notar algunas diferencias casi inmediatamente conforme tus niños respondan a las nuevas cosas que dices, o cuando formulas preguntas interesantes y en verdad escuchas sus respuestas. Y quizá luego comiences a ver estas ideas reflejadas en las conversaciones que tus hijos sostienen con otros.

Las palabras pueden volver a ti

Un participante de mis talleres envió esta nota recientemente:

> Una de las muchas cosas que se quedaron en mi mente de su curso fue la siguiente afirmación: "Aprendes rápido." He comenzado a usar esta frase con mi hijo de siete años.
>
> El otro día, al tiempo que hablaba con mi esposa sobre algunos conceptos que debía repasar para la tarea de esa noche, escuché a mi hijo decir: "Seguro que puedo hacerlo, mamá. Yo aprendo rápido."

Cuando Amy tenía cerca de diez años, vino a mí quejándose de que estaba aburrida. Creo que por fin me daba cuenta de que no quería que yo le inventara algo interesante qué hacer, por lo que simplemente dije: "¿Sabes, Amy? A veces la vida es aburrida. No voy a hacer nada al respecto. Estoy seguro de que sabrás manejarlo bien." Se retiró un poco confundida y no muy satisfecha que digamos. Una semana después, Amy estaba en el teléfono tratando de persuadir a su amiga, Celeste, de que viniera a la casa a jugar con ella. No estoy seguro de qué dijo Celeste, pero escuché que Amy replicaba: "Mi papá dijo que la vida a veces es aburrida, pero que sabríamos arreglárnoslas."

Tal vez verás tus hijos criando a sus propios hijos —tus nietos— y sabrás que algunas de sus conversaciones provienen de haberles dicho cosas poderosas cuando eran niños.

Finalmente, está el adagio que nunca entendí del todo hasta que lo analicé desde la perspectiva de la conversación: si quieres cambiar a tus hijos, cambia su lugar de juegos y a sus amigos. Dicho de otra manera, es como aconsejar someter a tu hijo a conversaciones distintas.

Tal vez si cambiamos las conversaciones que sostenemos con los niños, sabrán que son amados, respetados y valorados por quienes son. Se moverán por el mundo con confianza. Serán capaces de interactuar con diferentes "lugares de juegos" y amigos. Y aprenderán las habilidades necesarias para crear relaciones maravillosas donde quiera que se encuentren.

Imagina.

Ideas en acción

*Trabajar en las
conversaciones familiares*

Crear relaciones

El arte de la reflexión

Trabajar en las conversaciones familiares

En el centro de toda familia maravillosa está la diversión, las conversaciones vibrantes y también las conversaciones productivas. Gran parte de lo que enseño en el sector corporativo trata de diseñar conversaciones y juntas. Muchos de esos diseños conversacionales pueden aportar valor en casa. Asegúrate de adaptarlos a las necesidades de tu familia usando un lenguaje que te parezca natural.

En esta sección incluyo varias ideas:

- Ideas para mantener a tu familia en óptima forma.

- Procesos para ayudarte a resolver quejas, problemas y tomar decisiones.

- Tres ejercicios para trabajar con tus niños en el futuro.

- Frases individuales que pueden aclarar y mejorar las conversaciones.

- Un inventario de la relación que te permita captar otras cosas.

Hacer girar tus platos favoritos

Me gusta la analogía que observa que las relaciones requieren atención y tiempo para mantenerlas girando en alto nivel, un nivel en el que te sientes conectado y te da una sensación de libertad y seguridad para hablar casi de cualquier cosa. He aquí cinco ideas para mantener tus relaciones en gran forma.

Estén juntos. Pasar tiempo juntos sin hablar siquiera también sirve. Sólo piensa en lo que cada miembro de la familia desearía hacer contigo, o pregúntales y reserva tiempo para ello. Estar en el mismo lugar es algo poderoso. Los juegos de mesa, de cartas, las caminatas o hacer la cena juntos da la oportunidad de tener conversaciones que, de otro modo, no surgirían.

Comparte más. Me acuerdo de un correo electrónico que me mandó mi hija, Amy. Era conciso y al punto: "Papá, ¡debes compartir más!" Tenía razón. Yo prefiero permanecer callado. Soy bueno para escuchar, pero tiendo a ser eficiente más que descriptivo cuando hablo. Y en tanto que soy buen contador de historias, tiendo a reservarlas para cuando estoy enseñando más que a compartirlas con la familia y los amigos. Aun así, las relaciones deben ser de dos vías, no necesariamente de igualdad, pero todas las partes involucradas deben hablar y escuchar. Al igual que tú notas cuando tus hijos comienzan a regalarte respuestas monosilábicas, ellos notarán si tú haces lo mismo. De modo que el correo de Amy me recordaba que debía encontrar algo para compartir cuando ella llamara y me preguntara: "¿Cómo te ha ido, papá?"

Escucha más. He dedicado mucho espacio en este libro a la noción de escuchar porque pienso que es una pieza esencial y constructiva de la conversación. Carl Rogers, psicólogo estadounidense, se percató de que la gente mejoraba más rápido y permanecía bien más tiempo si la escuchaban. Hace años, un caballero que asistió a una de mis capacitaciones y había sido alumno de Rogers, ¡recordó que su maestro escuchaba con tal atención que parecía oír hasta con sus zapatos!

Piensa en prestar atención de modo que alientes las conversaciones. ¡Trata de escuchar hasta con tus zapatos!

Pregunta a la gente sobre lo cotidiano. Estamos ante un arte perdido. Por la razón que sea, no preguntamos a la gente sobre sus fines de semana, viajes o hijos con la frecuencia que solíamos hacerlo. Me parece que ésta es una de las piezas faltantes y no es difícil reponerla en nuestras conversaciones. Y cuando preguntamos, más nos vale estar dispuestos a escuchar con toda atención de cuatro a ocho minutos, porque es el tiempo requerido para responder a preguntas semejantes. Un amigo que actuaba como mentor de un estudiante chino, fue cuestionado por éste: "¿Por qué en Estados Unidos todos me preguntan cómo estoy y a nadie parece importarle mi respuesta?" Me entiendes. Pregunta a tus hijos sobre su día y luego escucha atentamente.

Encuentra la forma de presentar nuevas preguntas y conversaciones. Se requiere de valor, pero si alguien en la familia pide discutir un tema, la mayoría de los miembros lo hará. Si comienzas con la costumbre de las conversaciones familiares durante la cena, esto suele ser mucho más fácil.

Nuestros amigos Chuck y Elizabeth viven en Portland, Oregon. Chuck tiene la maravillosa costumbre de traer a cuento algún asunto interesante cada vez que cenamos, ya sea en su casa o en un restaurante. Al comenzar la velada, dice a todos cuál será la pregunta o el tema que se formulará a la hora del postre, más o menos, y pide a cada persona su respuesta o su opinión. El resultado siempre es el mismo: conversaciones memorables. Una vez que mi hijo Jesse tenía que viajar por negocios a Portland, se nos unió para la cena. Al comienzo Chuck dijo: "Jess, creo que tu papá es un gran tipo, pero me gustaría que nos dijeras cuál ha sido tu experiencia al tenerlo como papá mientras crecías." Luego todos opinamos sobre nuestros padres. Todavía recuerdo la respuesta de Jesse sobre mí: "Aunque mi padre viajaba mucho, yo siempre tenía la sensación de que no estaba muy lejos."

Cómo enfrentar los temas que surjan

A veces no tocamos ciertos temas en casa porque no estamos muy seguros de cómo sostener la conversación.

Esto es normal. No conozco a muchas personas que se sientan a gusto teniendo conversaciones difíciles. Pero como dice Cindy, si podemos hablar sobre cómo interactuamos y vivimos juntos, tenemos una oportunidad de ser especiales. También dice que debemos esperar ciertos problemas y diferencias porque somos dos personas que han sido criadas de forma completamente distinta y ocupamos la misma casa.

Te presento cuestiones que debes tener en mente para hacer más llevaderas las conversaciones difíciles:

- Decidan como familia que estos temas se tienen que tocar.

- Pide permiso. Esto es importante para echar a andar la conversación. También es una señal que indica a la otra persona que debe escuchar respetuosa y pacientemente.

- Piensa en el mejor momento y lugar para la conversación.

- Recuerda que la gente toma las cosas de modo personal, así que debes ser gentil.

- Recuerda ser propositivo.

- Escucha respetuosamente y da a cada uno la experiencia de ser escuchado con plena atención.

- Prepara bien la conversación. Piensa en qué podría facilitarla. Las siguientes frases pueden ser útiles:

  Aprecio discutir esto contigo.

  No necesitas responder a esto; siento que debo decirlo.

  Por favor toma esto positivamente. Quiero ser útil.

- Confía en ti, en la otra persona y en que la conversación saldrá bien si te apegas a estos principios.

Tres procesos conversacionales que debes tomar en cuenta

Escuchar y responder las quejas. Este proceso comienza cuando la persona que tiene la queja (situación o conducta que no les funciona) expone y explica la situación para que quede clara a todos. Entonces esa persona (el dueño de la queja) pide opiniones sobre lo que ayudaría a solucionar la situación expuesta.

Si las cosas son como una serie de pasos, podrían ser así:

1) *El dueño de la queja la expone completamente.*

2) *El otro se limita a escuchar, haciendo sólo preguntas que aporten claridad y comprensión.*

3) *Una vez expresada y comprendida la queja, el dueño hace una petición específica: "Por favor haz esto por mí." O: "Necesitaba expresar esto. Gracias por escucharme."*

4) *El escucha acepta la petición o hace una contrapropuesta hasta alcanzar un acuerdo.*

5) *El dueño de la queja reconoce a quien escucha: "Gracias por apoyarme."*

Si lo piensas, la mayoría de los problemas que tenemos, en realidad son quejas. Si puedes expresar y atender estas quejas, evitarás que los problemas crezcan y se conviertan en cuestiones más serias.

¿Soy estúpido?

Cuando la gente está molesta, suele usar lenguaje dramático para dejar en claro un asunto o llamar la atención. Tenemos que aprender a escuchar lo que la gente comunica cuando reacciona ante algo que no le gusta.

Una vez llegué a casa y, al entrar, Amy permaneció en silencio, lo que no es común en ella. Este es el intercambio que tuvo lugar a continuación:

"Amy, ¿qué sucede?"

"Nada."

"Dime, ¿qué pasa?"

"Dije que 'nada' papá" (¡ya saben el tipo de mirada que me dirigió!)

Se fue a su cuarto. Yo la seguí para preguntar una vez más.

"¿Qué pasa, Amy?"

"¡Te odio!"

Si me resistía y le decía algo como: "Amy, no me odias", ella habría respondido con sus motivos, así que mejor escuché, reflexioné y esperé.

"¿Me odias?"

"¡Es que eres muy estúpido!"

"¿Soy estúpido?"

"Bueno, haces cosas estúpidas, papá."

"¿Qué hice?"

"Prometiste llamar y no lo hiciste."

Ahora sí llegamos al punto en que podemos comenzar a reparar el daño. Debo aceptar que rompí una promesa. No es algo bueno, pero es un comienzo.

En todas las quejas debes estar dispuesto a averiguar qué pasó para remediar la situación. Comprendes por qué tus niños están molestos y pasas por alto su forma de expresar la molestia.

Discutan los problemas. Esto es distinto a responder a una queja. En este caso, estamos ante un proceso más parecido al coaching, en que una persona (la dueña del problema) pide a otra (quien escucha) la ayude a pensar en la solución a una situación problemática. Este proceso también sirve para desarrollar ideas y es poderoso por un par de razones:

- Los problemas suelen ser menos abrumadores cuando los sacas de tu cabeza.

- Explicar lo sucedido a otra persona te ayuda a ganar claridad

He aquí los pasos de este proceso:

1) *El dueño del problema dice: "He aquí lo que quiero que meditemos."*

2) *Quien escucha dice: "De acuerdo. Cuéntame todo."*

3) *El dueño dice todo lo que sabe sobre el asunto o circunstancia.*

4) *El que escucha pone atención y pregunta: "¿Qué más?"*

5) *El dueño responde, si ha terminado: "Creo que eso es todo."*

6) *Quien escucha retroalimenta o hace preguntas: "Pensé esto al estar escuchándote." O: "Tengo un par de preguntas."*

7) *El dueño reconoce los pensamientos o responde las preguntas.*

8) *El que escucha verifica con el dueño: "Bien. ¿Qué piensas ahora del problema y qué se puede hacer?"*

9) *El dueño del problema comparte sus sentimientos e intuiciones obtenidas de la conversación.*

La gente tiende a callar los problemas para no preocupar a otro miembro de la familia. O tal vez le enseñaron a no tocar ciertos asuntos. Se requiere de valor y mucha libertad para decir que se lucha con algo para discutirlo después, cuando se está listo.

Al escuchar, es importante no saltar a la solución o dar consejo o apoyo antes de que se pida tu opinión. Enseña a que tus hijos escuchen de este modo; así podrán apoyar a sus amigos cuando necesiten hablar para resolver un problema.

Alíneate con la decisión familiar. Al principio, tomamos la mayoría de las decisiones por los niños, idealmente después de pedir su opinión. Conforme crecen, es importante que sientan que de verdad influyen en las decisiones. Puede que las vacaciones familiares sean un tema clásico. A veces la idea viene de los niños; a veces la decisión ha sido tomada, pero quieres que la acepten de buena gana.

Éstos son los pasos de este proceso para el dueño de la idea:

1) "He aquí lo que me gustaría hacer." O: "Alguien me dio esta idea. Hablemos de ella hasta que tenga sentido para todos."

2) "¿Qué preguntas tienes sobre esta idea?"

3) "¿Pueden ver por qué me parece una buena idea?"

4) "¿Hay algo que no les guste de esta idea?"

5) "¿Les parece que la idea podría funcionar con algunos cambios?"

6) "Bien. Parece que hemos alcanzado un acuerdo para hacer esto. ¿Cierto o falso?"

Puede no parecerte el típico proceso de decisión al que estás acostumbrado, en que se comparan opciones examinando pros y contras de cada una. Eso es útil, pero pienso que el proceso de alineamiento es más útil.

Hablar del futuro

La vida es mejor cuando esperamos cosas y sentimos que progresamos. Tres procesos se destacan cuando se trata de lograr esto:

- Establece la meta de obtener tres logros por semana.

- Identifica 25 cosas que quieres hacer o lograr.

- Haz planes para alcanzar esas metas durante los siguientes cien días.

Hace tiempo escuché cintas de audio de Earl Nightingale. Una de sus ideas más simples y poderosas me ha servido durante los últimos 20 años. El domingo por la tarde o al inicio de la semana, identifico tres cosas que me darían un sentido de logro para la semana en caso de cumplirlas. Escríbelas y ponlas donde puedas verlas frecuentemente. Queda claro que la vida y el trabajo te harán hacer muchas cosas a lo largo de la semana. Pero cada vez que tengas tiempo, vuelve a trabajar esas tres cosas. Cincuenta y dos semanas después, habrás tenido un año memorable.

Se me ocurren dos formas para usar la idea de Nightingale. Primero, si adaptas esta idea para tener excelentes relaciones con tus niños, puede que las tres cosas a lograr cada semana te sorprendan. Segundo, ¿qué se les ocurrirá a los niños de cuatro, seis u ocho años cuando se trata de establecer logros semanales?

El siguiente proceso es una actividad que suelo incluir en mis cursos de eficiencia personal. Es una manera de lograr que la gente piense en el futuro al que quiere moverse. Al tener una descripción de ese futuro se logra claridad y conciencia. El ejercicio es sencillo:

1) Haz una lista de 25 cosas que quieres en la vida. Lo que se te ocurra está bien. No te preocupes de si puedes o no hacerlo, si tienes tiempo para ello o lo puedes costear. Sólo escríbelo. Estamos haciendo una lista de ideas, no una lista de cosas por hacer.

2) Comparte la lista.

He probado este ejercicio con muchos jóvenes y les parece una gran forma de escribir lo que desean; además, les encanta lo que dicen las listas de los otros chicos. He aquí lo que le pasó a uno de los participantes de la clase:

En la mañana del fin de semana en que se celebraría la reunión familiar, entregué una hoja de papel con el ejercicio de la Lista de las 25 Cosas a los diecisiete miembros de la familia que asistían. Les pedí que pensaran en lo que querían en sus vidas y que, después de la cena, todos compartieran sus listas leyéndolas en voz alta. Fue una velada muy especial pues todos nosotros, con una edad que iba de los 5 a los 72 años, compartimos lo que deseábamos en nuestras vidas. Aprendimos cosas nuevas sobre cada uno, nos enteramos de cuáles eran nuestros sueños, esperanzas, ideas y lo que queríamos ser en este mundo. Hicimos este ejercicio familiar hace dos años y mi familia todavía habla de aquella noche especial. Este ejercicio ha creado más unidad, más cosas en común, que cualquier otro, y comenzamos a actuar individualmente y como familia para convertir la Lista de las 25 Cosas en realidad.

La lista de las 25 cosas por hacer o lograr puede ser el antecedente de fijar metas. La vida diaria es bastante complicada. Al establecer metas de largo plazo, se añade un enfoque orientado al futuro.

Durante años he luchado para dar con el tiempo ideal para concentrarse en un grupo de metas, y llegué a la conclusión de que 100 días son ideales. Un año es demasiado tiempo y un mes es muy poco. Cien días también funciona para mis clientes porque es suficiente para atajar proyectos mayores, y se tiene la posibilidad de pensar en lo que se debe hacer semana a semana para completarlos.

Éstas son las instrucciones para llegar a cuatro o seis metas:

1) Enlista una meta por cada parte de tu vida que quieras mejorar.

2) Cada meta debe ser asequible si te concentras en ella durante los siguientes 100 días.

3) Cada resultado o actividad necesita ser específica y medible.

4) Haz una lista con las dos o tres cosas necesarias para lograr cada meta.

5) Pide a alguien que supervise tu progreso cada semana o cada dos semanas.

No he llevado a la práctica este ejercicio con los niños, pero espero que los estudiantes de nivel universitario se percaten de la correlación entre cien días y un semestre escolar. Asimismo, puedes pedir a tus niños supervisar el progreso cada semana. ¡No se olvidarán de hacerlo!

Hacer que las cosas sucedan. Una vez conté cuántas ideas surgían en la semana sobre qué hacer el fin de semana: ¡once! Y ninguna de esas ideas se hizo realidad. ¿Por qué? Sencillamente por que no terminamos la conversación decidiendo qué haríamos y cuándo.

Una sola idea puede hacer que sucedan muchas cosas más:

> *Hagamos X a X hora. Cuando estemos de acuerdo, hagamos todo lo posible para hacer que las cosas sucedan*

Por supuesto, otras cosas surgirán, pero si te acostumbras a esta práctica tendrás menos expectativas rotas. Éste es un buen momento y lugar para acudir a las enseñanzas de Yoda:

Haz, o no hagas. No existen los intentos.
El imperio contrataca

Cuestiones conversacionales que debes dominar

A lo largo de este libro subrayé la importancia de la conversación. Desde una perspectiva más pragmática, he aquí una lista de frases conversacionales que recomiendo dominar a supervisores y gerentes. No espero que todas estas cosas funciones en tus conversaciones familiares, y no te distraigas por mi manera de escribir. Encuentra tu forma ideal para decir las cosas.

- Gracias. Aprecio que me lo digas. (En respuesta a una crítica.)
- Esta conversación se queda conmigo. (Expresándose el valor de lo conversado.)
- ¿Puedo decirte algo? (Pidiendo permiso para retroalimentar.)
- Apoyo esto plenamente a pesar de que me gustaría que las cosas fueran distintas. (Al sumarse o alinearse con una decisión.)

- Esto es lo que aprecio de ti. (Reconocimiento de valor.)

- Cuéntame sobre... (Hacer contacto para lograr conexión.)

- ¿Respondí a tu pregunta? (Corroborar utilidad.)

- Por favor dame más datos sobre lo que quieres saber. (Asegurarse de tener las cosas claras antes de responder.)

- Tengo una petición. (Pedir lo que quieres.)

- ¿Qué solicitas? (Respondiendo a una queja.)

- Éste es el valor que advierto en tu sugerencia. ¿Cómo manejar lo que me preocupa? (Al responder a una idea.)

- ¿Qué más? (Al alentar que se siga hablando.)

- No pienso hacer nada a partir de esto. ¿Te parece bien? (Para evitar las falsas expectativas.)

- ¿Para cuándo harás eso? (Para asegurar un compromiso de tiempo.)

- ¿Qué esperas de mí en esta conversación? (Para aclarar los resultados y expectativas.)

- Creo que entiendo tu idea claramente, pero veo las cosas de otro modo. ¿Le puedo hablar de eso? (Para manifestar desacuerdo.)

Crear relaciones

Es claro que el enfoque de este libro ha sido qué decir a tus niños, pero en esa idea está contenida otra, la de que nuestras conversaciones crean las relaciones interpersonales.

Primero, pensemos en las relaciones desde diversos puntos de vista:

- Tus niños quieren tener una relación contigo... ¡sí, incluso cuando son adolescentes! Sólo dales la oportunidad mostrando genuino interés en ellos y evitando los juicios.

- Las relaciones requieren de trabajo. Sencillamente no podemos darlas por hechas. Cada semana debemos explorar cómo pasaremos tiempo juntos y permaneceremos conectados si no podemos estar juntos.

- Debes esforzarte por ver las cosas desde el punto de vista de tus niños. Fuiste adolescente alguna vez, ¿crees que la experiencia se parece a serlo el día de hoy?

- Considérate responsable por el funcionamiento de la relación, incluso si tus hijos no cumplen con su parte en este momento.

- Haz todo lo que puedas para dirigir menos, para ser menos dominante y menos controlador.

- Fíjate en tus conversaciones, borra las que no añadan valor y agrega otras que sí sumen.

Trabaja duro para desarrollar la confianza y el respeto mutuos. Para que una relación entre dos personas florezca y dure, ambos deben confiar y respetarse. Basta con que una vez rompas una promesa hecha a tu niño o niña, o con que tu niño haga algo que sabe que está mal, para que sufra y la confianza tiemble.

A continuación te presento algunas prácticas que te ayudarán a mantener su confianza:

- Debe ser fácil hablar contigo, especialmente cuando hay problemas.

- Trata a todos muy bien, de modo respetuoso: tus hijos te observan.

- Cumple tu palabra.

Lleva un inventario de la relación

Hay preguntas clave que debes formularte para saber dónde se encuentra tu relación con los pequeños. Piensa en éstas desde tu punto de vista, pero también considera qué dirían tus hijos si les hicieran las mismas preguntas. De hecho, considera llevar este inventario con ellos, especialmente si tienes adolescentes en casa. En este proceso aprenderán mucho sobre el otro.

¿Qué tan bueno soy para las conversaciones con mis niños?

- ¿Cómo es hablar conmigo?

- ¿Qué le queda a mis hijos después de hablar conmigo?

- ¿Qué evita que hablen conmigo?

- ¿Escuchan en realidad?

- ¿Estoy dispuesto a expresar mis pensamientos y emociones sin emitir juicios ni achacar culpas?

- ¿Figuro demasiado en la conversación?

- ¿Piensan mis hijos que están a la altura de mi pensamiento?

- ¿Qué cambiarían de mí?

- ¿Deben ser cuidadosos cuando están conmigo?

- ¿Es agradable estar conmigo?

¿Bastan las conversaciones para crear el tipo de relación al que aspiro?

- ¿Hablamos con suficiente regularidad? ¿Estoy disponible para la conversación cuando ellos quieren?
- ¿Hablamos de lo que quiero hablar?
- ¿Quiero hablar y decir lo que pienso?
- ¿Estoy dispuesto a escuchar cuando necesitan hablar?
- ¿Las últimas conversaciones reflejan el tipo de relación que quiero?
- ¿De qué hablamos?
- ¿Qué tal estuvo?
- ¿Tenemos la libertad de decir y preguntar cualquier cosa?

¿La relación me da lo que necesito?

- ¿Me siento respetado y apreciado?
- ¿Me siento escuchado y comprendido?
- ¿Nos divertimos? ¿Podemos reír juntos?
- ¿Existe un futuro en el que estemos trabajando juntos?
- ¿Me siento apoyado?
- ¿Hay cuidado y amabilidad?
- ¿Puedo pedir lo que necesito?

¿Me respetan?

- ¿Respetan mi manera de tratar con el mundo?

- ¿Tienen interpretaciones de mí que sean limitantes?
- ¿Puedo escucharles sin emitir juicios?
- ¿Estoy decididamente de su parte? ¿Lo saben?

¿Tenemos "telarañas en el ático"?

- ¿Hay algo que debamos discutir?
- ¿Hay algo por lo que debo disculparme?
- ¿Existe algo que dije que haría sin cumplirlo?
- ¿Tienen alguna queja de mí?
- ¿Hay algo que hayan querido decirme?
- ¿Hay algo que quisieran saber?
- ¿Hay algo por lo que les deba reconocimiento?

Al paso del tiempo, si no se cuida y atiende, la relación tiende a empeorar, incluso en el caso de las más importantes. Pasan cosas que detonan preguntas y provocan resentimientos. En ocasiones, incluso no se sabe qué pasó. Sólo nos damos cuenta de que la relación se ha desequilibrado un poco. Otras veces, sabemos que algo debe discutirse, pero no decimos nada. A la larga, guardar silencio no tiene sentido.

A veces inventamos cosas de cada uno a partir de otras que se dicen o hacen. Una de mis frases favoritas proviene de un poema que Mary Karr escribió sobre la depresión: "Tu cabeza es como un mal vecindario. No vayas allí a solas."

Es difícil dejar de especular, así que es esencial tener el permiso de sacar a colación los temas y aclarar malentendidos tan pronto como sea posible. Las preguntas antes expuestas te ayudarán a evitar que las cosas se acumulen en el ático de tu mente.

La vida rara vez transcurre tan suave como quisiéramos. En nuestras mentes albergamos el ideal: días infinitos sin trabajo estresante, juego y familia, llevando todo esto a noches de largo sueño ininterrumpido. La vida es en realidad mucho más problemática que esto, pero cuando tomamos cierta distancia, descubrimos que es mucho más rica.

—Mary Beth Danielson, revista *Mothering*

El arte de la reflexión

La gente efectiva encuentra tiempo para la reflexión. No es fácil debido a las demandas de la vida y las constantes distracciones. Aun así, si quieres aprender de la experiencia diaria, la práctica de la reflexión es de mucha importancia. Reflexionar es algo distinto a observar las cosas en el momento. La reflexión tiene lugar después de una experiencia o al final del día. La gente efectiva trata de reflexionar durante unos 45 minutos al día. Suena imposible, ¿no es así?

Pon en práctica lo siguiente. Cuando estés a solas en el coche, no enciendas la radio. Pueden suceder dos cosas. Si tienes un problema en la vida, tu mente trabajará en ese problema. Si en ese momento no tienes problemas, tu mente hará algo creativo. Esto también aplica a los momentos en que sales a caminar o correr. Comprendo que es más fácil empezar si escuchas música agradable en tu iPod, pero una vez activo, debes apagar el aparato para dar a tu mente la oportunidad de reflexionar.

Los científicos especializados en el cerebro dicen que las intuiciones duran entre cinco minutos y cinco horas. Debido a nuestro ritmo de vida, pienso que para casi todos nosotros se trata de experiencias de cinco minutos. Reserva tiempo para la reflexión y no sólo tendrás más revelaciones, también serás capaz de conservarlas.

Nuestras mentes necesitan algo con qué trabajar: necesitamos carga frontal de ideas y experiencias. En relación con tus niños, tienes muchas experiencias día con día. Sólo necesitas tiempo para aprender de esas experiencias diarias. También te ayudará revisitar algunas páginas de este libro cada semana. Las siguientes páginas están diseñadas para empezar a practicar la reflexión.

Toma tu tiempo para reflexionar sobre cada capítulo de este libro. Usa las preguntas que aparecen líneas abajo para adentrarte en la comprensión de ti mismo y en las conversaciones familiares. Puedes hacer esto a solas, reflexionando y pensando la ruta de cada capítulo. O pensar en las preguntas con alguien más. Suele haber otro nivel de claridad y más ideas disponibles cuando dos personas conversan. Como sea, oblígate a seguir preguntando: "¿Qué más?" Es un poco como pelar una cebolla: estás ante capas y capas de intuiciones e ideas a tu disposición.

¿En qué pensabas cuando leías este capítulo?

¿Qué parte se parecía a tu propia experiencia al crecer o al criar a tus niños?

¿Qué ejemplos personales te vienen a la mente?

¿Qué revelaciones has tenido? ¿Sobre ti mismo? ¿En relación con tus niños? ¿Sobre la interacción con tus niños?

¿Qué de lo que intuyes podrías llevar a la práctica?

Me gustas

Reflexiones y observaciones de las preguntas ubicadas en la página158:

_____

_____

_____

_____

_____

_____

_____

_____

_____

_____

_____

_____

_____

_____

Cosas que intentar o procurar:

- Elaborar una lista de las cosas que me gustan de mis hijos.

- ¿Qué hicieron bien mis niños esta semana?

-

-

-

-

-

Aprendes rápido

Reflexiones y observaciones de las preguntas ubicadas en la página 158:

_____

_____

_____

_____

_____

_____

_____

_____

_____

_____

_____

_____

Cosas que intentar o procurar:

- ¿En qué aspecto debo ser más paciente con el aprendizaje de mis hijos?

- ¿Puedo ser una distracción cuando están aprendiendo?

- Deja que tus niños pidan la pizza y hagan sus propias citas.

-

-

-

-

Gracias

Reflexiones y observaciones de las preguntas ubicadas en la página 158:

_____

_____

_____

_____

_____

_____

_____

_____

_____

_____

_____

_____

Cosas que intentar o procurar:

- ¿A quién no he atendido correctamente?
- ¿Cuándo necesito dejar de hacer varias cosas a la vez para concentrarme?
- Debo dar las gracias a mis hijos cuando hagan algunas labores cotidianas.
-
-
-
-

¿Qué tal si nos ponemos de acuerdo sobre...?

Reflexiones y observaciones de las preguntas ubicadas en la página 158:

_____

_____

_____

_____

_____

_____

_____

_____

_____

_____

_____

_____

Cosas que intentar o procurar:

- ¿Qué acuerdo podría hacer la diferencia para la familia?
- Sostén una conversación familiar sobre los acuerdos.
-
-
-
-
-

Dime más

Reflexiones y observaciones de las preguntas ubicadas en la
página 158:

_____

_____

_____

_____

_____

_____

_____

_____

_____

_____

_____

_____

Cosas que intentar o procurar:

- ¿Alenté a alguien para contarme más cosas , hoy?

- ¿A quién le gustaría que yo compartiera más?

-

-

-

-

-

Leamos

Reflexiones y observaciones de las preguntas ubicadas en la página 158:

_____

_____

_____

_____

_____

_____

_____

_____

_____

_____

_____

Cosas que intentar o procurar:

- ¿En qué momento del día podemos leer un poco?
- ¿Qué temas podríamos leer en voz alta?
-
-
-
-
-

Todos cometemos errores

Reflexiones y observaciones de las preguntas ubicadas en la página 158:

_____

_____

_____

_____

_____

_____

_____

_____

_____

_____

_____

Cosas que intentar o procurar:

- ¿Cuál es mi reacción típica ante los problemas de la casa?
- ¿Cuál es mi versión personal de "contar hasta diez" para tranquilizarme?
- ¿A quién puedo dar un descanso hoy? ¿Quién necesita un nuevo comienzo?
-
-
-

Lo siento

Reflexiones y observaciones de las preguntas ubicadas en la página 158:

_____

_____

_____

_____

_____

_____

_____

_____

_____

_____

_____

_____

Cosas que intentar o procurar:

- ¿Por cuál suceso de la semana anterior tendría que disculparme?

- ¿Para quién sería importante que yo dijera: "Lo siento"?

-

-

-

-

-

¿Qué piensas?

Reflexiones y observaciones de las preguntas ubicadas en la página 158:

_____

_____

_____

_____

_____

_____

_____

_____

_____

_____

_____

Cosas que intentar o procurar:

- ¿Cuándo debo pedir sincera retroalimentación a mis hijos?
- ¿En qué aspectos de la familia pueden mis niños hacer contribuciones reales?
-
-
-
-
-

Sí

Reflexiones y observaciones de las preguntas ubicadas en la página 158:

_____

_____

_____

_____

_____

_____

_____

_____

_____

_____

_____

Cosas que intentar o procurar:

- ¿Cuáles cosas que digo con frecuencia suelen significar algo parecido a "no"?
- ¿En qué momento o circunstancia puedo decir "sí" para demostrar confianza en mi hijo?
-
-
-
-

A pesar de los seis mil manuales para criar niños que existen en las librerías, su crianza sigue siendo un continente oscuro del que nadie sabe nada en realidad. Sólo se necesita mucho amor, suerte y, por supuesto, coraje.
Bill Cosby, **Fatherhood**

Me queda claro que no tengo respuesta a qué significa ser un padre exitoso. Creo que nuestra intención de ser grandes padres hace la diferencia. Las palabras de Bill Cosby abordan el tema de no tener nociones claras pero sí el valor para seguir intentando. Espero que este libro pueda arrojar algo de luz a ese continente oscuro.

Referencias
de lectura

Sitios web con recomendaciones de lectura

American Library Association
www.ala.org/readinglists
Aunque se trata de un sitio para bibliotecarios profesionales, se ofrecen links a una buena cantidad de recomendaciones de lectura para niños y jóvenes.

Base de datos de literatura infantil premiada
www.dawcl.com
Compilado por la bibliotecaria Lisa R. Bartle, este sitio tiene miles de libros en sus listas. Pueden buscar por edad, ambiente, periodo histórico, lenguaje, formato, género, premio y por origen étnico o nacionalidad y género del protagonista. También puedes buscar frases o palabras clave.

International Reading Association
www.reading.org/Resources/Booklists.aspx
Encontrarás listas anuales de sus selecciones para niños, jóvenes y maestros.

National Education Association
www.nea.org/grants/13026.htm
Este link te lleva a la sección "Para padres" del programa de lectura para Estados Unidos. Encontrarás recomendaciones de lectura, actividades y mucha información de calidad sobre la lectura en voz alta.

Scholastic
www.scholastic.com
Este sitio te ofrece una amplia variedad de listas de lecturas recomendadas. Puedes realizar búsquedas con base en la edad del lector, tipo de libro y género.

Libros para leer en voz alta

Varias fuentes contribuyeron a esta lista: la American Library Association, la National Education Association y la International Reading Association, entre otras. Se incluyen clásicos y obras galardonadas recientemente. No pretende ser una lista exhaustiva.

Libros para bebés y niños pequeños, en edad preescolar

Abiyoyo, de Pete Seeger

Abuela, de Arthur Dorros

Amos and Boris, de William Steig

Anno's Counting Book, de Mitsumasa Anno

Baboon, de Kate Banks

Brown Bear, Brown Bear, What Do You See?, de Bill Martin Jr.

Clap Hands, de Helen Oxenbury

Come On, Rain!, de Karen Hesse

Corduroy, de Don Freeman

Eating the Alphabet, de Lois Ehlert

Five Little Ducks, de Raffi

Flossie and the Fox, de Patricia McKissack

Freight Train, de Donald Crews

George and Martha, de James Marshall

Goodnight Moon, de Margaret Wise Brown

Guess How Much I Love You, de Sam McBratney

Have You Seen My Duckling?, de Nancy Tafuri

Hush! A Thai Lullaby, de Minfong Ho

Julius, The Baby of the World, de Kevin Henkes

Mr. Gumpy's Outing, de John Burningham
My Very First Mother Goose, de Iona Opie
The Rainbow Fish, de Marcus Pfister
The Relatives Came, de Cynthia Rylant
The Runaway Bunny, de Margaret Wise Brown
The Snowy Day, de Ezra Jack Keats
The Story od Ferdinand, de Munro Leaf
The Very Hungry Caterpillar and Others, de Eric Carle
Where's Spot?, de Eric Hill

Libros para niños de cuatro a ocho años

Alexander and the Terrible, Horrible, No Good, Very Bad Day, de Judith Viorst
Amazing Grace, de Mary Hoffman
Amelia Bedelia, de Peggy Parish
Are You My Mother?, de P. D. Eastman
Arthur (serie), de Marc Tolon Brown
Back of the Bus, de Aaron Reynolds
Basil of Baker Street, de Eve Titus
Caps for Sale, de Esphyr Slobodkina
The Cat in the Hat and others, de Dr Seuss
Chicka Boom, de Bill Martin Jr. y John Archambault
Clifford the Big Red Dog, de Norman Bridwell
Los cuentos completos de Winnie Pooh, de A. A. Milne
Curious George, de Hans Augusto Rey
The Giving Tree, de Shel Silverstein

If You Give A Mouse A Cookie and others, de Laura Numeroff

Lilly's Purple Plastic Purse, de Kevin Henkes

Lily's Victory Garden, de Helen L. Wilbur

The Little Engine That Could, de Watty Piper

The Little House, de Virginia Lee Burton

Love You Forever, de Robert Munsch

Math Curse, de Jon Scieszka

Mirror: A Book of Reversible Verse, de Marilyn Singer

Miss Brooks Loves Books! (And I Don´t), de Barbara Bottner

The Mitten, de Jan Brett

The Napping House, de Audrey Wood

The Polar Express and others, de Chris Van Allsburg

Seed Soil Sun, de Cris Peterson

Stellaluna, de Janell Cannon

Strega Nona and others, de Tomie DePaola

Sylvester and the Magic Pebble, de William Steig

The Tale of Peter Rabbit and others, de Beatrix Potter

The Three Questions, de Jon J. Muth

The Tooth Fairy Meets El Ratón Pérez, de René Colato Láinez

The True Story of the Three Little Pigs, de Jon Scieszka

The Velveteen Rabbit, de Margery Williams

Where the Wild Things Are, de Maurice Sendak

Wilfrid Gordon McDonald Partridge, de Mem Fox

Libros para niños de ocho a once años

Bag in the Wind, de Ted Kooser

The Buffalo Are Back, de Jean Craighead George

Call It Courage, de Armstrong Sperry

Charlie y la fábrica de chocolate y otros, de Roahl Dahl

La telaraña de Carlota y otros, de E. B. White

Dear Mr. Henshaw and other, de Beverly Cleary

Freedom Train: The Story of Harriet Tubman, de Dorothy Sterling

Harriet the Spy, de Louise Fitzhugh

Heidi, de Johanna Spyri

La casita en la pradera, de Laura Ingalls Wilder

Mockingbird, de Kathryn Erskine

Mr. Popper's Penguins, de Richard Atwater y Florence Arwater

Muddy as a Duck Puddle and Other American Similes, de Laurie Lawlor

Out of My Mind, de Sharon M Draper

The Secret Garden, de Frances Hodgson Burnett

Shiloh, de Phillis Reynolds Naylor

Stand Straight, Ella Kate, de Kate Klise

Survival at 40 Below, de Debbie S. Miller

Tales of a Fourth Grade Nothing and others, de Judy Blume

Turtle in Paradise, de Jennifer L. Holm

Ubiquitus: Celebrating Nature's Survivors, de Joyce Sidman

Walk Two Moons, de Sharon Creech

World War II: Fighting for Freedom, 1939-1945: The Story of the Conflict That Changed the World, de Peter Chrisp

Libros para niños de once a catorce años

After Ever After, de Jordan Sonnenblick

Anne of Green Gables (serie), de L. M. Montgomery

Are You There. God? It's Me, Margaret and others, de Judy Blume

Bamboo People, de Mitali Perkins

The BFG and other, de Roahl Dahl

Bridge to Terabithia, de Katherine Paterson

Challenge at Second Base, de Matt Christopher

Las crónicas de Narnia (serie), de C. S. Lewis

Forge, de Laurie Halse Anderson

The Giver and others, de Lois Lowry

Harry Potter (serie), de J. K. Rowling

Hatchet and others, de Gary Paulsen

Henry Aaron's Dream, de Matt Tavares

Holes, de Louis Sachar

Johnny Tremain, de Ester Forbes

Island of the Blue Dolphins and others, de Scott O'Dell

Lafayette and The American Revolution, de Russell Freedman

Mujercitas, de Louisa May Alcott

Maniac Magee, de Jerry Spinelli

My Side of the Mountain, de Jean Craighead George

Palace Beautiful, de Sarah DeFord Williams

The Red Umbrella, de Christina Diaz Gonzalez

Redwall (serie), de Brian Jacques

Roll of Thunder, Hear My Cry, de Mildred D. Taylor

Sarah, Plain and Tall, de Patricia MacLachlan

Shooting Kabul, de N. H. Senzai

Stone Fox, de John Reynolds Gardiner

Tangerine, de Edward Bloor

Tuck Everlasting, de Natalie Babbitt

El mago de Oz, de L. Frank Baum

Libros para jóvenes (de catorce años en adelante)

Rebelión en la granja, de George Orwell

Ana Karenina, de León Tolstoi

The Cay, de Theodore Taylor

The Dog Who Wouldn´t Be y otros, de Farley Mowat

Frankenstein, de Mary Shelley

El Hobbit, de J. R. R. Tolkien

The Gold Compass (trilogía), de Phillip Pullman

El gran Gatsby, de F. Scott Fitzgerald

How the Garcia Girls Lost Their Accents, by Julia Alvarez

I Know Why the Caged Bird Sings, de Maya Angelou

El hombre ilustrado, de Ray Bradbury

Yo robot (serie de robots), de Isaac Asimov

Jane Eyre, de Charlotte Bronte

El señor de las moscas, de William Golding

The Outsiders, de S. E. Hinton

A Separate Peace, de John Knowles

The Sign of the Beaver, de Elizabeth George Speare

Summer of the Monkeys, de Wilson Rawls

Fiesta, de Ernest Hemingway

Matar a un ruiseñor, de Harper Lee

Where the Red Fern Grows, de Wilson Rawls

Woods Runner and others, de Gary Paulsen

A Wrinkle in Time, de Madeleine L'Engle

Libros sobre buenos modales

Para niños de dos a seis años

Nobunny's Perfect, de Anna Dewdney

Emily's Magic Words: Please, Thank You, and More, de Cindy Post
Seening y Peggy Post

Para niños de cuatro a ocho años

Cookies: Bite-Size Life Lessons, de Amy Krouse Rosenthal

How Do Dinosaurs Go to School?, de Jane Yolen

Mind Your Manners, B. B. Wolf, de Judy Sierra

Para niños de nueve a doce años

Dude, That's Rude!: Get Some Manners, de Pamela Espeland y Elizabeth Verdick

Emily Post's The Guide to Good Manners for Kids, por Cindy Post
Senning, Peggy Post y Steven Bjorkman

Para niños de trece años en adelante

Emily Post's Teen Manners: From Malls to Meals to Messaging and Beyond, de Cindy Post Senning y Peggy Post

How Rude! The Teenager's Guide to Good Manners, Proper Behavior, and Not Grossing People Out, de Alex J. Packer

Para padres

Emily Post's The Gift of Good Manners: A Parent's Guide to Raising Respectful, Kind, Considerate Children, de Peggy Post y Cindy Post Senning.

Bibliografía de autores citados

Estos autores han contribuido a mi pensamiento de lo que significa ser efectivo.

Carnegie, Dale, *How to Win Friends and Influence People*, Nueva York, Simon & Schuster, 2009 (reedición, publicado originalmente en 1937).

Colvin, Geoff, *Talent is Overrated: What Really Separates World Class Performers from Everybody Else*, Nueva York, Portfolio Trade, 2010.

Drucker, Peter, "My Life as a Knowledge Worker", *Inc.*, 1 de febrero de 1997.

Gallwey. Timothy W., *The Inner Game of Work: Focus, Learning, Pleasure, and Mobility in the Workplace*, Nueva York, Random House, 2001.

Herjavec, Robert, Driven: *How to Succeed in Business and in Life*, Nueva York, HarperCollins, 2010.

Jackson, Maggie, *Distracted: The Erosion of Attention and the Coming Dark Age*, Nueva York, Prometheus, 2009.

Nerburn, Kent, *Letters to My Son: a Father's Wisdom on Manhood, Life, and Love*, segunda edición, Nueva York: Guilford Press, 1995.

Nichols, Michael P., *The Lost Art of Listening*, Nueva York, Guilford Press, 1995.

Tannen, Deborah, *You just Don's Understand: Women and Men in Conversation*, Nueva York, Harper Paperbacks, 2001.

Ueland, Brenda, "Tell Me More", *Utne Reader*, noviembre-diciembre de 1992.

Sobre el autor

Paul Axtell es consultor y entrenador personal para una gran variedad de clientes, desde empresas que forman parte de la lista de las 500 de Fortune, hasta universidades, pasando por organizaciones no lucrativas y agencias gubernamentales.

Paul realizó estudios de ingeniería en la Universidad de Dakota del Sur y una maestría en la Universidad de Washington, en Saint Louis. Tiene veinticinco años de experiencia en consultoría corporativa. Ha dedicado los últimos quince a diseñar y liderar programas para aumentar el desempeño individual y grupal en las grandes organizaciones.

Además de interactuar con los niños, ama jugar golf, criar árboles bonsái, la pesca y leer novelas de misterio. Paul y Cindy viven en Minneapolis. Tienen cinco hijos y trece nietos.

tenpowerfulthingstosay.com

Diez cosas poderosas para decirle a tus hijos
Esta obra se terminó de imprimir en Agosto de 2014
en los talleres de Impresora Tauro S.A. de C.V.
Plutarco Elías Calles No. 396 Col. Los Reyes.
Delg. Iztacalco C.P. 08620. Tel: 55 90 02 55